ロザリオの空

駆けぬけた青春の記

水島 瞳

Mizushima Hitomi

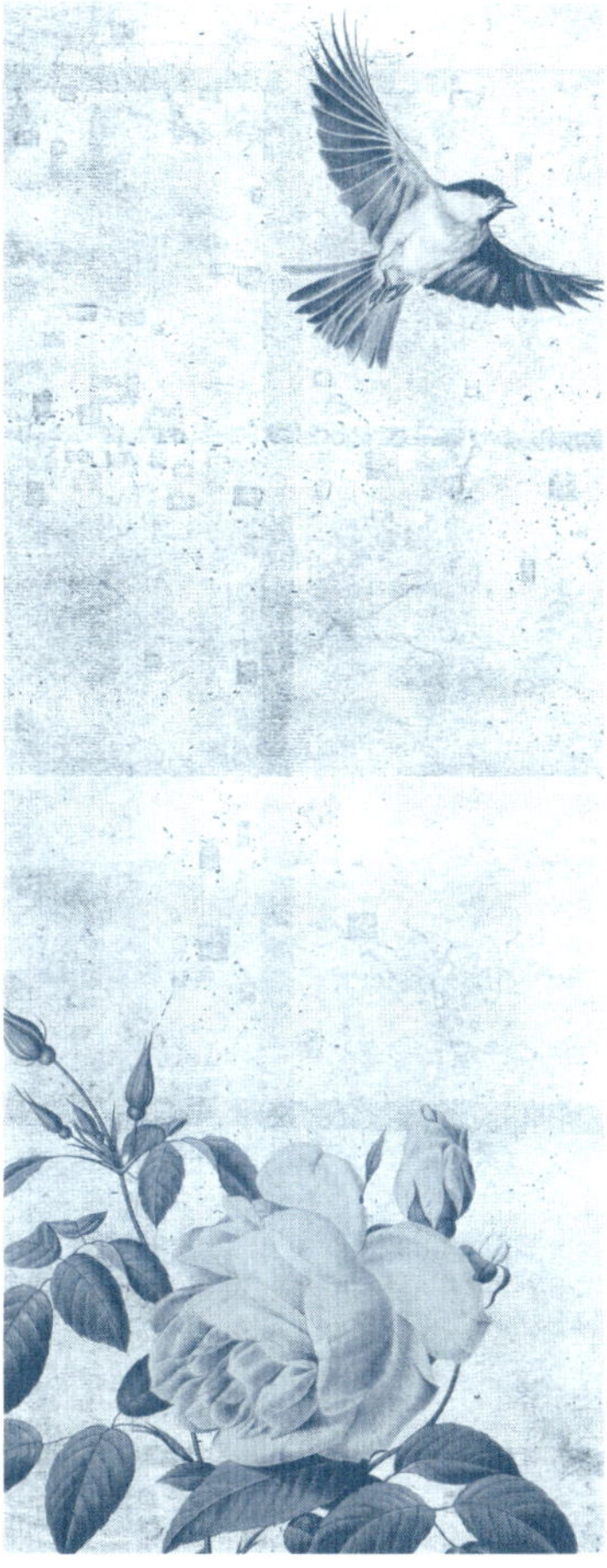

編集工房ノア

東大冲中内科医局集合写真
1963年３月

著者が洗礼を受けた上智大学内の聖堂
クルトゥールハイム

1964年東京オリンピックで
先頭を走るアベベ選手

横浜港を出発、見送る人々、1965年

リルケの墓

ウィーンの宿舎、ハウス・ノイヴァルデック（旧侯爵居城）

ローマ法王謁見、謁見の間にて、法皇の左２人目筆者

バチカン美術館の
ミケランジェロ作〝ピエタ〟

法王と対話するエルリンハーゲン師（左）

Gegen zwei PKW

Hagen. Auf der Enneper Straße geriet gestern nachmittag ein PKW ins Schleudern und prallte gegen zwei parkende PKW. Zwei Fahrzeuge wurden schwer-, das dritte Fahrzeug leicht beschädigt. Da bei dem verursachenden Fahrer Alkoholeinwirkung vorlag, wurde von ihm eine Blutprobe entnommen und sein Führerschein einbehalten.

Stadtchronik

Aufgeschnitten wurde das Schiebedach eines in Haspe abgestellten Personenwagens von unbekannten Tätern in der Nacht zum 1. August. Es ist nichts entwendet worden.

Malerwerkzeug wurde in der Nacht zum 2. August aus einem Neubau in Haspe gestohlen. Täter noch unbekannt.

Einen Globus stahl ein bekannter Täter am Abend des 2. August aus einem Büroraum in Haspe. Der Geschädigte erhielt den Globus zurück.

Beim Diebstahl mehrerer Bleirohre von einem Gelände in der Innenstadt wurde am Abend des 2. August ein Mann beobachtet. Er konnte von der Polizei festgenommen werden.

in Flammen aufgingen oder unter der Druckwelle zusammenbrachen.

Die Patres der Missionsstation

denten empfangen und lernten die Deutschen kennen; denn sie waren oft in Familien zu Gast. Ein Ziel

den montags bis freitags von 8 bis 12.30 Uhr und 14.30 bis 16 Uhr.

IN FARBENPRÄCHTIGEN KIMONOS zeigten sich gestern nachmittag die japanischen Studentinnen dem Fotografen, während sich die männlichen Kommilitonen diskret im Hintergrund hielten. In der Mitte der Jesuitenpater Prof. Helmut Erlinghagen, der aus Haspe stammt und seit 28 Jahren in der Mission tätig ist. In der Gruppe auch ein anderer deutscher Japan-Missionar.

WP-Foto: Sanke

地元新聞に掲載された

ミュンヘン大学学生食堂スト中の校庭にて

ミサの後、ロットヴァイル、ホストファミリーと

青少年カトリック大会

（左）研修のヴェルツクブルク大学病院研修
（左下）診察中

ローテンブルクにて民族衣装で

エルリンハーゲン神父生家前で

エル神父生家窓に、ラテン語で、
「死すべき者に充分＝モリトゥーロ・サティス」
の文字が残る

物見の塔
1965年東ベルリン

聖ヘドウィグ教会、1965年東ベルリン

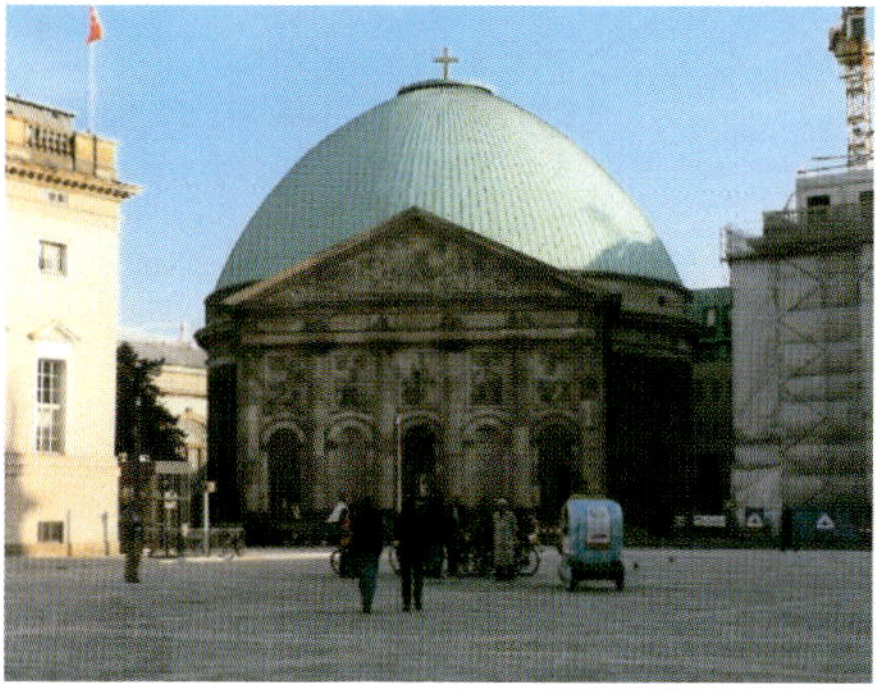

ベルリン、聖ヘドウィグ大聖堂の全容

リヨン、15世紀の修道院宿舎の窓から

1965年当時のマルセーユ港

メッティンゲンのホストファミリー

メッティンゲンから１年後に届いた木彫りのマリア像

「ロザリオの空」　目次

一、脱出

二、暗闇から

三、飛躍・旅立ち

五、回帰

装画　山下良夫
装幀　森本良成

ロザリオの空

——駆けぬけた青春の記

——今は亡き兄、方郎・幸男に捧げる。

一、脱出

家出の夏

とにかくこの家に、この町に、一刻も居たくない気持ちが自分の中で沸騰して、今にも爆発しそうな状態にまでなっていた。

出たい、まず、此処を抜け出したい。どうすれば出られるかそればかり考え続けた。

父は自分が子どものころ秀才だったそうだ。だから高校の補習授業など理解できなかったのか、私が高校三年の夏休み中の受験に向けた夏期講習の申込み用紙に書いてくれるよう頼んでも、その様なことは不要だと言い張って出させてくれなかった。進学クラスで私一人だけ夏期講習を受けないことを担任は不審に思ったのか、様子を見に家までやって来た。しかし私は何よりもただ、いつものような父の一言で自分だけたった独り、他人と違うことをやらなければならないことが嫌だったのだ。

そんな結果、遂に、夏休みが始まろうとする時、東京に居る大学生の三番目の兄に手紙を書いた。

「そちらに七月二十二日〝雲仙号〟で着くから東京駅まで迎えに来て下さい」と、出して三日後に長崎から列車に乗る。〝雲仙号〟は、東京・長崎間で運転していた寝台急行列車で、当時、東京まで二十三時間を要した。

兄にとっては唐突だっただろう。しかしあまり早く知らせると親に連絡が来ることを考慮してのことだった。

常に見えない糸で縛られているような、この今の状況から脱出しなければ私の未来は始まらない、何処か此処からできるだけ遠く、それは東京。みんなも行くあの東京に行きさえすれば私の道は見つかる、そう信じて疑わず、それほどに東京は私の中で熟成されていた。

昭和三十三年（一九五八）その頃は修学旅行にもお米を持って行く時代だった。

母親が兄たちに持たせていた記憶をたどり、木綿で縫った袋に密かに白米を詰め、僅かの衣類や本と一緒にボストンバッグに入れて、前日に準備した。発つ朝、荷物を多く持ち出す姿を誰かに見られて気付かれるのを避けねばならない。

夕方を待って、ボストンバッグを駅に向かう途中の、夏休みが始まったばかりの中学校の下駄箱の隅に置きに行った。

翌朝、荷物をとって、貯めた小遣いを懐にいよいよ列車に乗るのだ。荷物は列車の切符と一緒に送ることができる日通チッキ便（鉄道小荷物）という方法で送る。

ひと気のない学校の片隅にバッグを置いて、帰る途中に見上げた家並みの間に、月が冴え渡る明るい夜道、親への後ろめたさよりも、これから自分の人生の幕開けが始まるという気持ちが高揚していくのを、はっきりと思い出す。

私は六人きょうだいの真ん中、上に三人の兄と下に弟二人がいる中の一人娘だ。

「愛という束縛」で育んでくれた両親への裏切り行為、もうそんな気持ちのゆとりなどなかった。

長崎駅のコンコースには巨大な氷の柱が据えられて、それに両手をかざして涼をとる人々を眺めていた自分の姿、今、いとおしく、あのエネルギーに満ちていた頃が昨日のことのように浮かんでくる。

東京オリンピックが開催される数年前の、蒸し暑い夏の事だった。

父が何故あれ程、子どもに対して頑固であったのかと思う時、父から〝原爆〟を外すことはできない。

一九四五年八月九日、長崎に原爆が落とされた時、私たちの郷里・島原は爆心地から遠くその影響はなかった。しかし一番上の兄はその時十四歳、長崎市の鎮西学院中学に在学していた。

あの日、兄は爆心地の隣、浜口町の下宿を出て、夏休み中といえども他の学生と同様に登校した。そこから学徒動員で振り分けられた何処かの軍事工場の仕事場に向かう時か、工場に着いて居たか、あるいは下宿で待機するため帰宅する途中かに原爆に遭ったとみられる。

落下後、原子爆弾が如何なるものか、長崎周辺はおろか、おそらく日本中の誰一人知る者は居なかった。父は入手困難な汽車の切符をやっと手に入れて、何も分からぬまま幾度も長崎に駆けつけ兄の安否を尋ねては、惨状と化した浦上界隈を探し廻った。浜口の兄の下宿周辺は変わり果て、爆心地前の幹線線路と並行する浦上川を越えた地点に在る学校は熱線で破壊され、尋ねる何の手掛かりもないまま、道路に重なる遺体の山をただただ一つひとつ確かめては、わが子を探し廻ったが、遺体もかけらも見つけることはできなかった。

ふと息子が、剣道をやっていたことを思い出した父は、遂に諦めざるを得ない状況で、学校辺りの誰かの遺体の傍らに落ちていた、熱戦で歪んだ剣道のお面の欠片と灰を拾って遺骨がわりに持ち帰って来たのだという。

親戚中が家に集まり、だだっ広い八畳の間、灰と欠片を入れた小さな柩箱を皆が囲んでいる真ん中で泣き伏して慟哭する父の姿は、まだ小さかった私の脳裏に刻まれ今も忘れられない光景だ。父があの様に肩を震わせ人前で泣くのを見たのは、後にも先にもあの時だけだ。

当時の私には、存在するものが突如として知らない場所で消え去るということを容易に受け容れることは出来なかった。

その後、長い間にわたって、例えば学校で好感度ある男性教師にめぐり合うと、まして年齢が、消えた兄に近い人であればなお更、この人はもしかあの兄ではないだろうか、そう思えてしかたなかった。そして何らかの事情で自分を名乗り出ることができなくなって、他人の家でこうして生き延びてきているこの人は兄では？　などと考えた。目が大きく色白の男性に出会うと、特にそう思った。兄ひとりでの写真は幼い頃の一枚があるのみだ。

「何処でどの様に息絶えたか」事実をさがすこと、このことはその後の自分への課題になるのだが、それはずっと後のことになる。

父は原爆投下直後から市内を数回にわたり訪れ、爆心地に入った。つまり放射能が濃厚に残留する環境に滞在するという、被曝したと同様の体への影響が懸念される。そのため被爆者手帳を持つことになった。手帳を得る為にはそのことを証言する二名の人が必要だ。当時、父は兄の探索に夢中で何処で誰に会ったかなどの余裕はなかっただろう。申請への知識もなく、かなり経ってようやくその事を知り、二名の協力者が出て「入市被爆者」の認定が受理されたのである。

存命中、両親には遺族手当金が支給されたと聞く。既に仕事を辞して特別の医療保障も無い父は、大手術する程の病に罹った時、初めて原爆手帳で医療費が無料になったことを知って、「長男として息子は死んでこんな形で親孝行をするとは……」と嘆いたという。

「兄がこんな形で亡くなった」この事は父の性格の変化に大きな意味をもたらしたことだろう。長崎に出さなくても身近な所に中学は在ったのだから、周囲の批判にもさらされた父であった。

しかし小さかった私には、父の変化まで考える余裕はなく、それ以上考える機会も無かったように思う。むしろ繰り返し語ろうとする原爆、被爆後の長崎の様子や敗戦の現実は、新しい未来へ向かおうとする私にとって鬱陶しくさえ感じられて避けてばかりいたように想う。今となっては取り返しのつかない自責の念に捉われるのだが……。ただ、私たちの静かな町にも戦後の変化は起きていた。仕事などで朝鮮や台湾などの「外地」へ行っていた人々が戦後、親族を頼って帰国する引揚げ家族が多く見られた。学校で転校生として紹介され、学級児童数は更に増えた。父の本家にも五人家族のいとこたちが引揚げて住みついた。

原爆死した兄、昭和6年生、生後8カ月

私の〝夏の家出〟を親たちがどんなに驚き混乱しているか知ったことではない、私には行く先しか見えない。

そんな高校三年の故郷脱出の試みだった。

東京下町

私は東京の兄をこれからの唯一の頼りとした。

未知の世界に踏み出した私にとって、東京駅に迎えに来た兄がいつも以上に頼もしく感じられた。私は全てを委ね、安心しきった気分で、嬉々として修学旅行以来の東京の風景を珍しく眺めながら兄に随いて行ったのである。

当時、大学生で就職しようとしていた兄の住まいは、板橋区本町にあった。山手線の巣鴨駅を降りて志村、常盤台方面行きの路面電車に乗って十分程の、賑やかな所に在る下宿である。従兄が近所に住んでいたので其処を選んだのだそうだ。

都電を降りる時、電車賃が二十円だったか、

「自分で出せ」と言われ、慌てて財布から支払ったが、兄妹とはいえ全て「自分の事は自分で」ということの習慣は以後、徹底して貫かれることになる。

その頃の〝巣鴨とげぬき地蔵通り〟は、池袋まで行かなくても何でも揃う程度の商店街であった。下宿の周辺は戦後十数年以上経つというのに、戦災に遭わなかったままの様な狭い木造の家や下宿が無秩序に建ち並んでいた。都心に行くには交通に便利な人口密集地だった。

下宿の庭にギーコギーコと漕いで汲みあげるポンプ式井戸があって、それを住民三世帯で使う。顔も外で洗う。敷地に門も柵も無いから、辺りから見られているようで戸惑ったが此処はそんな生活なのだ。家を出てすぐ隣には町工場が在り、終日ベルトコンベアの機械が回る音の中で多勢の工員が作業している。入浴は外風呂という初めての事だが、一番の苦手は、夕方行く銭湯からの帰りが隣の工場の仕事が退ける頃とかち合う事だ。帰り支度の工員たちが仕事から解放され、こちらを見ているような気がする。前の路地を通るとき、つい足早に駆けぬけたりした。仰ぐと、路地の合間に高い銭湯の煙突がいくつも聳えていた。

下宿といっても自炊で、お惣菜は近くの市場で列に並んで買ってくる揚げたてのジャガ芋が多いコロッケやミンチカツだが、これが最高においしかった。兄は当時を振り返る度に、自分は帰宅途中に在った店のラーメン・ライスで空腹を満たした、と言っていた。

大学卒業の初任給は、平均二二、七六〇円という頃である。

下宿は入口から大家さんの住まい、銀座の服部時計店修理部に勤める大家さんの弟夫婦の住居、真ん中に私たちの部屋があり、この三世帯がこの家全ての住民だった。部屋の奥には食器棚や小さなコンロなど置いた板の間が付いて、簡単な食事の用意ができた。

大家さんはその頃七十歳後半の未亡人、洋服でも和装の時も肩から首にかけて白い手ぬぐいをかけていた。知的障害がある息子と二人暮らしで、息子は四十歳代か、毎日どこかへ仕事に行っている様子だった。この家の収入に、私たちが払う家賃は必要な資金であったろう。

時々ここを訪ねてくる孫という典型的な江戸っ子の綺麗な女性がいた。彼女の軽快な会話は興味深く、壁を通して聞こえてくる声に耳をそばだてたものだ。

或る時は、勤務する会社の大洋ホエールズ優勝チームの三原監督に花束を渡す役に選ばれた話、そして結婚準備の大変さなど。

「花束あげる時あがっちゃわないかなあ。何を着てったらいいと思う、おばあちゃまー。実はわたし三原監督よりも慶応ボーイの水原が好きだったのよねぇー」など。

そうした都会のもれてくる生活様式の全てが、田舎から出たての私には物珍しく新鮮だった。

だが、その時は周囲に誰ひとり私の一方的な「家出」について、味方してくれる人が居るはずもない。優しそうなその大家さんと弟さん夫婦がやんわりと、

「高校を卒業してから出ていらっしゃいよ」と、言うのである。その言葉に少し寂しく感じたが「卒業したら来ていいのだ」、自分自身今のまま生活を続ける手段は無いことが判ったから、そう納得して、夏休み僅か一カ月足らずで東京から故郷へ戻った。しかし、帰ったらどうなるのだろう。半信半疑の結論だった。

一人娘の私が高校を卒業し進学する時、親の目が届き学費が少なくて済む県内の国立大学進学までは許可してくれるという。男ばかりの中の私、何ごとも男優先の時代だからそんな選択も自然なことかと当時は受け止めて、一応その準備は進めてみた。

この頃、国立大学には学芸学部という教育関係に携わるのを目指した学部があった。受験資格にバイエルピアノ教則本の百番までをマスターしておくことが前提だった。そのため、近所の一歳年上の友人が放課後、学校のオルガンで練習して受験に備えていたのを見習って私も練習を重ね修得していた。当時、ピアノを持つ家はほとんど無く、学

校にもピアノは一台という時代だったから、各教室に在るオルガンでの練習である。

しかし、兄の教員生活の様子を観ていると、教師は自分には向いていないことが明確に感じられ、そこを受ける意思は無かった。だからどこも受験せず、地元に父のコネでアルバイトして半年を過ごした。

その頃、いや中学時代からか「将来、何になりたいか？」という学校の調査に、迷わず、そのどんな事かも解らぬまま「小説家」と書いていた。ペンネームを使って書いたエッセイが、地元の新聞に掲載されたり、高校期末の試験中に勉強もせず小説ばかり書いて、中央に応募したりしたことも思い出す。潜在的に文筆業に対する憧れを持っていたのか、併しいつも、その為には多くの経験を経て現実の社会を知らなければ本物といえる物は書けないだろうと認識していた。

〝現実の社会〟それは何となく反道徳的な現実をも含んでいて、狭い環境にいた自分はその部分を知らないから、もっと膨大な未知の世界を自分の目で知るべきだと感じていた。時々独り近くの山頂に立ち、丸い地球を想像させる海を眺めては、あの海が遠い外国に続いていることを想いながら、そこでは多くの未知の世界に出会える気がして、外国へも行って沢山のものを観、経験し書こうと誓うのだった。

父が機嫌の良い時に話す、見て来た外国の素晴らしい光景も憧れの気持ちに拍車がかかったのかもしれない。

旅立ちへのステップ小倉

小倉市（北九州市小倉区）の木町という所のアーケード街に、服地専門店をやっている母方の親戚があると知った私は、その叔母を頼って、生地を勉強しながら洋裁学校へ行くという理由をつけて再び家を出た。洋裁の技術を身に付けることは一種の花嫁修業の一つでもあったから母は幾らか安心したかもしれない。その時は、まだ私が帰郷するだろうと期待させるような話し方だったからか、両親も納得し黙って旅立ちを許してくれた。しかし私の本音は見透かされていたろうと思う。

小倉の親戚の家に連れられて行って見ると、其処には店主方の姪という私より一つ年上の〝みちるちゃん〟が、半月前に別府の実家からやって来て、近くの寿司屋の二階に独りで住んで服地店に通い始めているという。店舗から五分程の、檜の香りがする真新しいその家に私も一緒に住むことになって、みちるちゃんと一緒に店に通うことになった。

小倉の祇園祭の時季になると、市内の各地区や地元企業、それにキャバレーからもチームを組んで参加して繰り出す祇園太鼓連が、最大の繁華街である魚町銀天街方面に向かって街中に轟かす響きで太鼓を打ち鳴らし練り歩く。

仕事を早めに切り上げて、太鼓の両面から大きなうねりをつくって踊るように敲《たた》く、身も心も燃える程豪快なその行進の列に同化するかのように、みちるちゃんと一緒にどこまでもついて行った。その頃、小倉城天守閣も再建されたばかりで、どこもかしこも活気に満ち溢れていた。

祭りの祇園太鼓を背景にした『無法松の一生』（ベネツィア国際映画祭でサン・マルコ金獅子賞を受賞）の三船敏郎主演、高峰秀子出演の映画が大ヒットしたのも、此処が舞台だったか。

或る時、店の高校生の娘も一緒に、北九州帆柱連峰の一番高い皿倉山に出かけた。山頂へのケーブルカーに乗って行くと、八幡製鉄の煙突から出る煙で市中が暗く曇っていて、昇るにつれて空気が澄んでいくのが見て取れる。『鉄は国家なり』の時代で経済成長が環境汚染に優先されていたのである。北九州が最も繁栄していた時代ではなかったろうか。

しかしここで安穏と愉しんでいて良い筈はない。やがて私の行くべき道を示してくれたとも言うべき人に出逢った。その人の名は知らないけれど、自宅で進学塾をやっている年配の人だったろうか。店のお使いで寄った時、私が何か進学への具体的勉強法をその人に尋ねたのかもしれない。見慣れぬ若い私を訝って声掛けしてくれたことがきっかけだった。自身、純粋に向学心に燃えていたかどうか今思うと疑わしいが、問いに対する答えは私の行動する後押しをしてくれたのには間違いない。

「具体的な勉強法というより、目標があるなら廻り道しないで早く、そこに最も近い所へ行って周りを調べて準備するべきだよ」と言われたのである。

下宿の大家さんと日光へ。左端が兄、次が従兄

私は強い説得力を感じ、助っ人が見つかった思いがして、自分の行くべき道へ力が漲ってくるのを覚えながら、わずか半年あまり住んだ小倉の親戚宅を後にした。その時は、もう親たちは何も口出ししてこなかった。

その頃、郷里には私を是非嫁にという男性がいた。というより旧家の跡を継ぐ人だったが、私を取り巻く諸事情を考えると、親も心が揺らいでいたかもしれない。しかし未だ結婚が何かも知らない私は、全てが鬱陶しく出来るだけ郷里に寄らずこのまま遠くへ行くことを決断したのだった。

そのように、両親への刺激と混乱を少しでも和らげるように廻り道した後、遂に一九六〇年（昭和三十五）、受験シーズン始まる二月に、またもや兄の下宿を頼って東京の地を踏んだのである。

下宿の大家さんは面白いテレビ番組が始まると、

「ひとみちゃーん、いらっしゃいな。何か始まるよー」と言って私を部屋に呼んで見せてくれた。

両親は私たちが毎日をどのような部屋で如何に送っているかなど、正確に知る由もない。だが私は、この東京から日本の最先端の歴史も生まれ刻まれて行く、そうした生の現場で、自分もその一員に加わったかのように、ようやく自分の居場所を見つけて、私の人生が始まるという気力に満ち、厳しい環境の全てを受け容れ不満や苦痛など感じなかった。

日本が敗戦から立ち上がり、オリンピックという一大イベント開催を成功させ、これを機に復興と近代化を推進していこうとするのにあわせ、その車輪のどこかに組み込まれ進みたいかのように、世の誰もが懸命に動き回っていた。

此処板橋には半年余りしか住まなかったが、今懐かしく思い出に残るその地が本格的な東京生活のスタートになった。

一九六〇年二月、私は準備も不十分のまま、高校三年時担任の先生に薦められていた早稲田大学文学部仏文科を受験した。

圧倒的な束縛を感じた家族からの「脱出」を果たして、ようやく東京生活を始めたばかりの私は、学習も経済面でも、ここだけを受ける余裕しかなかった。

いざ受験して見ると、故郷の学習習得尺度でしか分からない私にとって、叶う力が無いことを思い知らされた。試験は英語、国語、社会の三科目である。英語の難易度が異常に高く、一般の受験誌やこれまで自分がやってきた過去問とは程遠く、受けている最中から半ば諦め気分だった。

試験が終わってぼんやりした頭で外へ出ると、大隈講堂前の広場に特設の電報受付コーナーが見えた。—そうか、試験結果発表の電報受付だ。合格の時の極まり文句は「サクラサク」。失敗は「サイキヲイノル（再起を祈る）」、北部方面宛は「ツガルカイキョウナミタカシ」だろう。私は結果を見に来るんだから……、などぼんやり考えながらキャンパスを歩いていると実に多くの受験生で溢れ熱気が漲っている。そんな中に居ると、「ここに受かりたい！」、そういう思いがこれまでになく沸々と湧き揚がってくる。片手に講義中の本を持つ坪内逍遥像の博物館前を通って電車の乗り場の方へ向かって歩く。合格発表の日に、もしや「合格」という根拠ない期待は益々強く湧いてくる。

そして三月初めのその日、いち早く駆けつけて合格発表名が書かれた看板が立てられるのを多勢と一緒に待った。

……やはり私の番号、名前は何度見ても見当たらなかった。急に襲う孤独感を振り切るように、速足でキャンパスを出て、特に当てもなく虚ろな惨めな心で歩き続けた。

あえなく受験に失敗。合格したとしても経済的に今、無理であることを自覚していたから、不合格は覚悟の上のことだった。ただ、このままでは何処にも進学できなくなる、と焦り悶々としていた。そんな時、父から、ここを訪ねるようにと、自分が昔お世話になった三井金属の上司の方の住所を書いてきた。

あれほどに親から自立していく覚悟だったが父の差し出す手に頼らざるを得ない。経済力の伴わない独立はあり得ないではないか、と自分が情けなかった。こんなに遠く離れたつもりでも父の意思に操られている思いだった。

父の、その頑固さで思い出すことがある。

母の次兄は長崎県佐世保市の病院に勤務する医者だったが、彼は佐世保市長の娘と結婚した。義父は佐世保が最も繁栄した時代の市長として三期十年余という長期の市長を務めたがその長さは権力につながる。妻を通じて強力なパイプを得た伯父は、軍港であった港に船が入り外国の優れた品が手に入ると、物資が少ない時代に私たちの所へも様々な品物を届けてくれた。外国のお菓子は元より、ままごとセットなど珍しい玩具や衣類に至るまで私たちは、それらを前に大歓声をあげた。特に母は有難がって伯父の訪れを待ちわびた。

中でも思い出すのは冬着用生地。それは、厚手のジャガード織でウールのピンク色がかった霜降りの生地だった。さっそく母は仕立屋に持って行き、私の半コートを作ってもらった。誰も持っていないような素晴らしいコート、小学生の私は本当に嬉しく毎日毎日それを着た。

しかし、それを着ている私を目にした父が、学校近くでは絶対に着るな、と命じた。「こんな時勢に、赤くて華やかで派手すぎる」と怒ったのだ。父の言葉は、残念でも従わねばならない。子ども心に納得できないことでもそれが父親のイメージとして定着していったようだ。

大学受験に失敗して、父が知らせた山木という宛名片手に訪ねて行くと、そこは品川区目蒲線の洗足駅から歩いて十分程の閑静な処に在って、周りに同じような大きなお屋敷が立ち並ぶ、初めて歩く東京の高級住宅街である。

既に連絡してあったらしく定年を終えた老年ご夫婦と、私より年若いお手伝いさんが快く迎えてくださった。そのお宅は夏になると、軽井沢の別荘で暮らすという資産家だ。道を隔てた隣には、皇太子妃美智子妃殿下の実家・正田家の別荘がある。その後、幾夏か私も山木家の別荘を訪ねた。父はその方に私の就職先をお願いしていたのだ。

そうして三井金属の幹部だったというその方の紹介ひとつで、東京郊外の三鷹市にある三井金属研究所へ私の就職があっけなく決まった。

下宿から都電で巣鴨へ、更に山手線から中央線に乗り換え三鷹駅で下車、駅から、会社方面下連雀行きのバスに乗って、片道一時間余りかけての道のりである。

研究所の周辺は、東京とは思えないほど緑が多く、広いグラウンドが併設された素晴らしい環境に、同年輩の若い社員がたくさんいる職場だった。

そこでは、研究室部長から指示されるまま粛々と研究の末端作業をこなしていく、それが業務だった。気が付けば鹿児島出身の女性、群馬、富山、長野と、地方出身者も多く皆、それぞれが縁故採用の人たちだった。

その頃登山ブームで会社にも男女を問わず槍ケ岳、穂高など日本アルプスに登る人が多く居た。私も谷川岳沢登りや奥武蔵野方面への登山に参加し人並みにOL生活を経験する。

朝日新聞連載小説・井上靖の『氷壁』は、登山ブームの先駆けとなったのか。昭和三十年（一九五五）に冬の穂高岳で実際に起きたナイロンザイル切断事件をモデルにした連載長編小説で両親が競って読んで高校時代の私も夢中で読んだ。共に登山していた主人公・魚津の、友情と恋愛を核に描いた純文学というより流行小説といった読み易いものだった。

紹介してもらった三井金属研究所は三カ月目に本採用になった。が、とにかく通勤に遠く給料は安い。こんな状態では長続き出来ないだろうと当初から想っていた。

私はいつも今に満足できず常に別の何かを探し続け、このままでは居たくないという内部からの湧き出る欲望を抱えていた。

採用・解雇

そんな時、見つけた早稲田大学の工学部金属研究室の助手募集の文字を見て、条件が合致したのを確かめ、さっそく挑戦することにした。自分のこんな状態では早稲田の仏文科に合格するのは難しい。それならば、同じキャンパスに就職して仕事が終わってから学ぶことが出来る二部を狙えば入学は可能かもしれないと、考えた。

応募者は後に教授秘書から聞いたが八十名以上だったそうだ。教えてくれた女性秘書の松木さんとは、現在も交流が続いている。その中からたった一人私が選ばれたという。応募者多数の中から、なぜ私が選ばれたか、多分私の応募動機に、

「採用して頂けたら此処に勤めて、早稲田大学文学部の二部に入学して学びたい」と、面接時に真剣に答えたからではないだろうか。

大学のキャンパスには門が無いことに象徴されるように実に自由な雰囲気が感じられた。街並みと大学が一体化して、様々な年齢の人がキャンパスを往来し活気に満ちている。下宿から巣鴨へ出てそこから都電荒川線に乗り早稲田で下車、歩いて十分ほどで職場に着く。通勤時間がこれまでの半分以下と短く、合格すれば同じ敷地にある大学の授業に出られるのは魅力だ。未来へ大きく希望が湧いてきた。いや、その時点で大学に合格していると錯覚を抱いていたのではないだろうか。

早稲田に採用が決まると三井研究所は辞めてしまった。兄に諭されて、そのことを報告しに訪ねると山木氏は、

「いいですよ。若い人は私たちを足場にしてどんどん昇って行って下さい」と言われたが、その意味することも当時は解らず、若さとはいえ私は大変礼儀知らずの行為をしてしまったということになる。

勤務する早稲田大学の工学部金属科教授研究室には、学部四年生五名、院生二名が在籍していたが男子ばかり。交流が深い隣の研究室も男子ばかりだった。

そんな中で教授や学生の実験（金属断面を撮影現像しその腐食具合で炭素や鉄等の成分を分析する）、また文献整理、論文作製の補助などをやる。そして仕事の知識を得るために学生たちと一緒に教授の講義を受けねばならない。難しかったが楽しい一時期でもあり、懸命に習得して毎日の生活にも張り合いが出て、洋服や靴も新調した。既製服は百貨店にも無い時代、有っても高価で手が出ない。イージーオーダー（easyorder）という展示されている見本品の中から自分のサイズに修正して貰う方法や、生地を買っていつもの洋裁店に持ち込んで仕立ててもらう。定期券も半年分買って、長く使うために丈夫なケースに入れた。男子ばかりの中、毎日活気があり、勤務を離れても様々なことで交流した。すっかり勤務意識を忘れるほどに、映画、ピクニックなど弁当を作って誘われる度に一緒に出かけた。

研究室には超一流企業の子弟が何人も居た。大学院生のMさんもそのひとりだ。彼は都電荒川線の護国寺駅近くの豪邸に独りで暮らし、老お手伝いさんが世話をしていた。研究室の皆が話している。

「先週の土曜日、△研の皆を誘って一緒に野球をやりにMさんの家に行ったが野球がやれるほど庭が広いんだぜ。それに家の壁も厚くて一平米何万円もするというが、その正

早大の人たちと、1962年

価を語った人の声が録音されているんだってサ。それにしてもMさんは地味だね」彼は地味でその弟は逆、とみんなが噂していた。

東京五輪を控え外国人客向けのホテルが東京に無いという時、財界に頼まれて「オリンピックのために役立てば」と、一九六四年（昭和三十九）九月、五輪開幕の四十日前に地上十七階、地下三階の近代的巨大なホテルを開業する。彼はその一族の長男だという。

しかし、私はそんなことにまるで無頓着で、先に乗っている私の電車にいつも必ず乗ってくる静かなうつむき加減の彼と電車を降りて、何気なく会話しながら時間をかけて研究室まで歩くのは楽しい一日の始まりだった。教授を含めた研究室の一泊旅行など、既婚者の秘書を除いて紅一点の私は、彼らにとって付き合い相手に格好の異性に見えたかもしれない。だが私は男ばかりの中で育ったせいか、彼らに異性という意識が全く芽生えない周囲の視線も気にならない。その頃から郷里に文通している男子の友人もいたが、互いに「結婚」は全く考えたこともない遠い話という感じだった。

私には今、目の前で出会うこと全てが初めての発見であり、この後どれほどの未知の世界に遭遇し見聞を広め吸収することができるか、想像するだけでも胸がわくわくする心境だった。そして絶え間ない上昇志向と野心や欲望に満ちていたのだろう。

突如「父・家族」と言う傘や柵から自由な世界に解き放たれて、甘く魅力溢れる一面にばかり視線を注ぎ、将来像を描き目標に向かって地道な努力をする考えや理性に欠けていたのかもしれない。

過度な心理状態で疾走する私を、運命が立ち止まらせたのかもしれない。有頂天になっていたとは正に、この頃の自分のことだろう。

大学が冬休みに入り、職場も休暇になり上京して以来はじめて歳末に帰省した。

長崎へ帰るには、寝台急行列車・雲仙号の座席を取るのに半日も前から帰省する仲間たちと東京八重洲口で並ぶ。それに外れると、車内の通路に新聞紙でも敷いて座り、一三〇パーセント乗車率の中で二十三時間の旅に耐えねばならないから皆、必死である。「島田君は席が取れたってょ……」などと、席の確保を巡って情報交換しながら帰る者同士の一大イベントなのである。

意気揚々と帰省して、自分の力で得た職場の身分証明書を見せ、久しく忘れていた暖かいふる里の空気に包まれ、両親、親戚、友人たちと語り合い楽しく過ごした。規定より長く職場を欠勤してしまったのである。私にとっても本来ならば大学受験に向けて血眼で勉強するべきはずの時期に、である。

現実の憂さを忘れさせてくれる桃源郷から、やっと腰を上げ職場に戻った時、秘書を通じて教授は私に退職勧告を命じていたのである。

驚愕した私は兄を伴い教授の許に駆けつけたが無駄だった。どうして突然これほどまで酷な扱いなのか不思議でならなかった。或る学生の「故郷で結婚するらしい」という中傷とも思える言葉が教授の耳に入ったことが発端だと後になって知ったが、その時は人生が逆転するほどの衝撃を受けた。早稲田の職場を失ったことで同時にそのルートで計画していた未来への設計図すべてを自ら抹消してしまった。

「そこまでしなくても……。ここへ留まるのも居心地悪いだろうから何処かへ紹介しよう」。教授はそう言ったそうだが、この状況を呪いたいほどの憤りである。

兄は中央大学法学部を出て弁護士を目指していた。そのため、就職しても仕事に集中して職場での昇進などは考えていないようだった。心の底では妹思いの兄はある夜、うずくまり悲嘆に暮れる私を慰めるためか、司法試験受験仲間で集まる会に連れて行ってくれた。みんな弁護士を夢見る真面目な優しそうなお兄さんたちだったが、そのとき現実的な受験の厳しい話題はあまり出なかったように思う。その年の司法試験にこの中から一人も合格した人は出なかった。

八方塞がりの挫折感に打ちひしがれ、何日も何日も悩み泣き続けた。しかし、全ては自分の怠慢から計画までも水の泡と化したのだ。しかし長崎へ帰れば周囲への服従と忍耐の道しかない、元の木阿弥ではないか。帰る事だけは絶対にしたくない、できない、ここで帰ったら両親を振り切って上京した意味がないという心の底から悲痛な声が聞こえる。この苦境を誰にも話すことはできない。兄には、両親はじめ誰にも言わぬよう口止めした。

こんな時クリスチャンだったら、多分神に心の救いを求め教会へ祈りに向かうのだろうか。しかし私の実家は仏教で、お寺やお墓に行くが東京では門戸を開いて迎えてくれるお寺も祈る習慣も根付いていない。

そうだ、原爆で亡くなった兄が戦争犠牲者として合祀されている靖国神社参拝の案内状を、いつか行けたら行ってくれと母から預かって持っていたことを思い出した。私はそれを取り出し靖国神社へ向かった。

社務所で案内状を渡すと、「奥の上段で祈れますよ」と案内してくれた。参拝供養と言うより自分勝手なこの苦境をもしかして兄が救ってくれるかも、という厚かましさであるが、祈りは心を落ち着かせる。

そんな状態の中で、次第にこの大好きでやって来た東京で、きっと何か見つかる、その思いが消えず必死に何か再起への糸口を探し続ける気持ちが芽ばえてくるのを覚えた。帰りたくない一心がそうさせたのか。都会で挫折して何一つ得ずに帰る姿など見せたくなかったし、故郷の誰にも合わす顔など無い、今帰れるわけがない見栄もあった。

どん底だったけれども立ち上がれた。いつか読んだ堀辰雄の「風立ちぬ、いざ生きめやも」、や「陽はまた昇る」というフレーズが浮かんできた。東京は目まぐるしく回り進んで行っているではないか。このまま挫けては居られぬ、先ずはアルバイトだ。もう何も怖くないぞ！　と自分を奮い立たせて外へ出た。何もしないでじっとしているだけでもエネルギーを消費していることを痛感した初めての経験だった。空腹には勝てない。ちょっと移動するにも交通費が要るのだ。故郷では考えられないことばかりだった。

先ず神田にある職業安定所を訪ねた。大勢の求職者の初めて見る光景だが、そんな人々が引き上げて行くのを待って、身分証明書ともなる米穀通帳を出してアルバイトの登録をした。

靖国通りを下って神保町に至ると、右手、向かい側に研数学館という大学進学予備校があり、日曜テストを受け付けてくれる。独特の音楽で始まるラジオ講座や『学燈』という大学受験の月刊受験誌を読んで少しずつ勉強もできた。研数学館のビルと救世軍のメソジスト教会が、セピア色のコンクリート壁をむき出しに並んで建っていて、公開模試を受けた前週の結果が教会の掲示板の隣に貼り出してある。周辺には電機大学、明治大学、法政大学、専修大学、東洋大学、日本大学そして兄の中央大学も、名の通った大学が林立していた。自分も歩いていると既に大学生であるような気分になった。

職業安定所で紹介されたバイト先を訪ねて行くと、そこで出会う人々、大人たちの何気ない俗っぽい会話に癒しを感じた。挫折しうずくまる様子の私に対して直接触れようとせず、笑いの中でたしなめる。

「あなたの髪、ほんとに仔馬のしっぽね。ポニーテールをもっと振ったら、餌弾むかも！」

いつもポニーテールにしていた私のヘアスタイルを見てからかう。そんな何気ない冗談が、今の私に、どんなに救いとなったことか。生き方の知恵を与えてくれるような人生の先輩たちの最高の贈り物であり「生」への強い力となった。人々はどんな重荷を背負っていようと、逞しくその日々を生き繋いでいっているのだと感じ教えられた。


北区の田端で、薬品類会社を経営する従姉夫婦が居るのを思い出して訪ねていくと、膨大な数の封書の宛名書きバイトを任され数日間通った。全国の薬局や関連会社へ出すダイレクトメールである。電子複写機ゼロックスがようやく世に出た年だが流通は未だ先の頃で、全てが手書きである。

従姉は母の一番上の姉の長女であるから、私とは歳が一回り以上も上だ。結婚を機に東京暮らししているが、いつまでも長崎弁訛りはとれない。

「美人だから黙っていて喋らない方がいいよ」と周囲からよく言われたそうだ。やがて上京してくる弟はこの家の二男の中学受験の家庭教師になる。是非開成か武蔵にやりたい、と従姉が「開成」のセイの発音を独特の九州なまり「シェイ」と繰り返すのだ。巷には三波春夫の「東京五輪音頭」や三橋美智也、春日八郎の歌謡曲が流れていた。

私は、今年は必ず何処かへ入学しておかねばと必死に探して、神田一ツ橋に在る共立女子学園短大英文科に入学した。短大を終えた時点で成績次第で大学へ進む道もあり、他の大学へ編入することも可能だというので、結論を先延ばしにしたのであった。目標からは遠かったが自らをねじ込むような形で入学した私の、遅れた学生生活の始まりである。

入学式は併設の共立講堂で行われた。東京でも数少ない大ホールで、構造設計は東京タワーの設計者、当時としては規模・設備で日比谷公会堂と並ぶ近代的な大講堂だった。小、中・高校、大学をもつ共立女子学園は、鳩山一族も設立者で、当時の学長は鳩山一郎元総理大臣の妻・薫氏だった。凜とした細身の美しい姿が印象的な人だった。

しかし私には、ここで学業に熱中するほどの興味は湧かず、休みにはまた、バイトばかりしてそちらの方に熱が入った。慢性的にお金が欠乏してもいたのだ。

兄は就職先の日本橋にある会社の寮へ移って行った。

近くに住む従兄が他所へ引っ越すというので、私は少し広いその方に移って、受験のために上京して来た二歳下の弟と住むことになった。

慌しい時期、引っ越すにも皆、荷物が少ないからどこからか借りて来たリヤカー一台で、全て男たちが電停で一つ隣の住処へ運んでくれた。

弟は目標の受験が失敗して、予備校にも頼らず図書館通いする一方、バイト先を探して計画的に生活を始めた。同じ高校の同級生で、のちに初代防衛大臣になる久間章生氏は、一浪して東大に入る。弟は図書館で近所に住む浪人中の友人もできたという。

近所のその友人とは、いつも私が通っていた銭湯の主の二男というではないか。彼は、手伝いで時々銭湯の番台に座らされている、と弟から聞いて以来その銭湯に行くのは止めた。男性が番台に座って男湯、女湯を見下ろしているだけでも当時の私には信じ難く驚くべきことだったが、ましてや弟の友人、若い男性ともなれば……。銭湯入浴料はどこも二十円だったか。実にあの頃は銭湯が選ぶほど沢山あったのだから。

父の部屋

一九六二年、私の遅れた学生生活が始まった。高度成長時代、地方から都会へと若者が出てしまう現象に東京の人口はこの年一千万人を突破する。地方出身者にとって東京での学生生活は並大抵の出費ではない。節目の時に送られてくる父からの仕送りとバイト収入では賄いきれるものではない。

日本中が戦後の荒廃した中、私の親はどんな生活状態だったのだろう。

明治三十二年（一八九九）生まれの父は、保険会社に所属して海外にも出かけ有能な社員だった。会社員の頃の白い夏服のスーツ上下に帽子を被ってポーズとる俳優のような姿や会社で好成績をあげて表彰される父の写真が床の間の横に飾ってあった。しかしいつからか定かではないが、会社を辞めていた。

二男である父は山林や田畑や土地を分け与えられていたが、それらは小学校の頃遠足で出かけた遠方まで広がり、どうしようにも農業ができない父には、土地の一部を地域の公民館用地に寄贈し、大部分は売却していつしか減ってしまっていった。

やがて家の周りの土地に何棟も鶏舎を建ててケイジ養鶏を始めた。年間三六九個産卵する鶏をマークして産卵数の増加促進に励んでいた。

自宅の前庭にある三本の梨の木の間に石段があって、数段降りた所に卵を孵化させる孵卵器を備えた長屋があった。その部屋はオンドル温室方式を取り入れ、機械的に有精卵を孵化させるために一定温度に保たれていた。父は卵から孵化させることもやっていた。

孵卵室の父、昭和の初め頃

そこを父さんの部屋または孵卵室とよんでいた。

温暖な気候の九州にも関わらず周囲の壁やドアは厚さ二十センチ、一箇所だけある窓は二重窓で、断熱遮音効果抜群の部屋だった。そこが私にとって、雛の柔らかい香りに包まれた絶好の秘密の隠れ場となった。冬場の温室は絶好の場所、学校から帰るとそこへ走り込む。その時、雛鳥がいたかどうか定かに覚えていないが、ヒヨコの鳴き声や折れそうにか細くやわらかな淡い色をした足の感触は記憶にある。手のひらに雛を乗せて雌雄を識別している父の姿の写真もあるが、そこで父と居合わせたことはない。

兄や弟たちは、機械組立てに熱中する者、喧嘩に走る者、様々だったから誰も私に気付かない。部屋に入ると片隅に積み重ねられた大人の雑誌や本に向かう。誰からも咎められることなく、大人の本と児童書の区別もつかず、ただひたすらそこにある物を片っ端から閉じこもって読み耽る至福の時を過ごす。

岩田専太郎描く吊り目をした着流し姿の女性、大きな瞳で、はかなげに見つめる中原淳一の挿絵の少女たち。戦争が終わったその頃の学校の教科書は、薄い紙に印刷された挿絵も無い物だったから、これらはなお一層活き活きと美しく見え、私を虜にしていく。

学校の図書館にある本は貴重で、借りてくるのは専ら私の役目だった。

戦時中の、電灯を紙で覆っていた暗い時代も過ぎた夕食後、借りて来た本を、夜みんなで卓を囲み、父が朗々と読んでくれるのに聴き入った。父はなぜかいつも、読み手は自分だと決めていた。母も台所の洗い場から、

「そこら辺、もうちょっとゆっくり読んで……」などと声が飛ぶ。

二葉亭四迷や、江戸川乱歩の少年探偵団『怪人二十面相』。江戸川乱歩の名をエドガ

ー・アランポーの文字に由来した人と教えてくれた。『ああ無情』など物語に勢いがはいる場面になる時、じーっと父の鼻毛の動きに見入って聴いた。

かけがえのない一家団欒の時代は、ほんの束の間の時だったにちがいないのだけれど、幾とせもの長いしあわせな刻の記憶だ。

父は、名古屋コーチンという何年も産卵を続ける強い種を取り寄せていたから、毎日の卵の集荷は忙しそうだった。その頃、海辺に近い辺りに外国人向け洋館やホテルが何軒か建っていたそうだ。

昭和九年（一九三四）日本最初の国立公園に指定された雲仙には、明治三十六年（一九〇三）開場したゴルフ場がある。そこから近いこの町に当時千人を超す外国人避暑客が夏を過ごしにやって来たというが、卵の夏場の出荷先は、そういう所でもあった。「千人もの……？」その数を何度も確かめたことがある。

卵を大きなバケツに入れ天秤棒で集荷する雇い人が躓いて一度ならず何度も卵を割ってしまう。出荷できないそんな時、母は、カステラ屋を営む叔母の工場へバケツに入れて持って行っていた。叔母は、夫が戦死したあと義母と子ども四人で暮らし、先祖伝来の家業カステラ屋を引き継いでいた。父の孵卵業や養鶏は、肥育専用に改良された外国産の鶏が輸入されると、流通はそれらへと移っていき次第に飼育数も減っていった。

父の腕のようにごつごつと枝を広げた三本の梨の木は、競うかのように多くの硬い梨の実をつけてきたが、あの夏、原爆で長兄が亡くなって以来、葉さえ縮まり実りは無くなっていったという。父は肥料を施すのを止めてしまったのだろうか。

以前に、教師をしている二兄に、亡くなった兄の思い出を聞いたことがある。

方郎兄は小学校六年の時の或る朝、登校するのを嫌がった。それを見た父は行きたくないと逃げるのを何処までも棒を持って追いかけたという。それまで無欠席だったことに拘って出席簿を汚したくなかったのか。

震えながら見守った弟の心に残った方郎兄の強烈な最期の姿なのだろう。それを話しながら兄は声を詰まらせ泣きじゃくった。やがて父の期待を担って方郎兄は遠い長崎の中学へ進学して行き、原爆で消えてしまった。

長崎には三菱重工や造船という巨大な工場があったから狙われたのだ。ひとつ違いの、十三歳になった二兄は徴兵検査を受けて合格し「志願」という大義のもとに動員される日を待機することになる。戦況は誰もが、そのような緊迫した時期を迎えていた。それを知った父は黙ってひと言「頑張らんばナ」と、ぽつりともらしたそうだ。

あの時父はどんな気持ちで言ったのだろうと、二兄はいつも考えたという。長男を亡くした直後のことだったのに、個人の感情を発することは出来ない時代だったのだろうか。

長兄の死、そして終戦まであと僅かのことである。

梨の木は三人の兄のために三本植えられ、その後生まれた女の私のためには、桐の木が植えられた。桐の箪笥は嫁入り道具につき物だからという。私の次に弟ふたりが生まれたが、もう梨の木が植樹されることはなかった。

田舎では、私たちは終戦後も食料の不足をあまり知らない。

故郷は有明海の内海、キラキラ光る海に新鮮な鯛や鰯がよくあがり海産物が豊富だった。晴れた日に見える熊本県天草に囲まれた湾の天草灘、左手には、瀬詰という渦潮地帯に、アラカブという名の赤い魚も獲れた。母は鰯の身を刻み、すりつぶし小麦粉や卵を加え自家製のかまぼこを作った。それは揚げ物にしたり、お吸い物にいれ、小鯵は俵で塩漬けに、多種多様な食材があった。

銀行の大連支店から引揚げて来て本家の離れに住んでいた伯父の奥さんは、弁当を持って、いとこや私たちを夏が訪れる前の五月頃まで磯に連れて行く。子どもは通ったこともない近道を、珍しい食用にできる草花を教えられ道草しながら、叔母を見失わないようについて行く。浜にはウニや岩場にはりついた牡蠣、アオサそして蜷《にな》が採れた。牡蠣はその場で食べる。磯遊びや潮干狩り場では皆と出逢い遊べる所でもあった。

肉となると、来客の時に父はしぶしぶ自分が飼っている鶏を絞めて振舞う。絞める行為がよほど苦痛だったらしく、後年、自分の病気が治癒しない時、あれから取り憑かれているのでは、などといっていたほどである。イチジク、びわ、葡萄、硬い梨、ザボン、種入り蜜柑、銀杏の実、巨大な梅などが一年中なにかしら畑や路地に実っている。父は野菜や米も作り始めたが現金収入は何処から得ていたのだろう。

子ども五人全員、誰ひとり両親を支え援助する心がけをもつ者はいない。そのため、原爆で亡くなった兄の遺族手当てが支給されるのを「こんな形で親孝行するとは」と感涙したのだろうか。そんな父親を知る私は、如何に困窮しようと親の懐を宛にすることは今更無理だと決意したのだ。

東京大学医学部研究室

私は学業と暮らしを両立させるために仕事を探さなければならなかった。仕事やバイトは少ない時代である。新聞の人材募集欄を見る日が始まった。

そして東京大学医学部第二内科研究室の助手に応募して、四十名の中からひとり採用された。学業と両立させたいという私の希望を入れた、自宅と大学の中間点に位置する本郷の研究室に、時間を有効に使って週三分の二程度の融通のきく不定期の勤務である。

こうして一日の中でも二度三度と職場と神田の大学間を都電で往復するという、ハードスケジュールの生活が始まった。学業は集中して勉強すると大した負担にもならず、年齢も差がある私はクラスメイトと過ごすより勤務先に居る時間が多くなっていった。そこでは現実と向き合う必死に生きる様々な人間模様が見られるからである。私は何よりも人々の生き方や世の中の生の動きに興味をそそられた。

勤務する第二内科は、当時日本医学会の重鎮、著名な冲中重雄教授だったが、停年を前に、その後任の教授選の時期を迎えていた。

私が働く研究室の隣室は、次期教授候補と噂される助教授室だった。そこの秘書が守秘義務も忘れて、こちらの投票権を持つ先生たちを訪れては現情勢を話す。そのため教授選挙の進捗状況や内幕を或る程度知ることができた。結果は群馬大学の先生がなられ、のちに隣室の先生は新たに設立された科の教授になった。

退官される冲中教授の「退官記念講演」は、「医師生涯に於ける誤診率」についての講演として有名である。名医といえども誤診率十四・二％もあった、と公表されたのだから。後に田宮二郎主演で映画化された山崎豊子著『白い巨塔』についての話題も出た。権力闘争も見どころのドラマであるが、東大医学部付属病院の中での競争もドラマにも似た激戦状態であったとおもう。

教授、助教授に秘書が各一名ずつ居たが、講師・助手合せて五名が在籍するこの研究室には私の外にもう一人女性が居た。彼女は他の先生たちがチームでやる動物実験の日に勤務する理科大学の四年生だった。私は専ら三沢先生専属の助手であるため、研究室で独占状態を快く思わない先生が居て常時嫌がらせとも思える発言がとんでくる。指示されるままにキーパンチャーでカード作業をやっていると、

「水島さん、あまり変なことやらない方がいいよ」と言う。何かまた、始まるなあと思

いながら曖昧な視線で応じ黙ってやり続けていると、

「水島さんこの研究室はピンチですよ。一人たりとも私事をやるための金など無いんだ」と大声に変わった。

「三沢先生へ仰ってください」私は即座に言ってしまう。それを聞いた先生は自分の席から立ちあがり口調ががらりと変わった。そして私に詰め寄るように近づいてきて、「何遍も言ってるじゃないですか！　言われるままやるのが能じゃない、と……」。それからたくさんの悪口や私への激しい言葉が投げつけられた。ここで何と反論しても通用しないだろう。先ほどから黙って居た福田先生はその場を立ってさっと出て行かれ、部屋は私たち二人になってしまった。

「大体ねえ、三沢君みたいに患者ばかり診ていて何が判る？　今までと同じじゃないか。君にも分かるだろう。実験で以て出たデータを基にしか新しい医学は生まれないんだ。君も……」と声色が変わり興奮はエスカレートしてくる。同室の彼女が言っていたことが頭をよぎる。この先生は私が手伝っている三沢先生と同級で深刻な対立関係にあることだ。ニューヨーク州バッファロー大学の研究所に留学、帰国と同時に国立大学の講師を経てこの東京大学へ助手となって来たばかりである。一方、手伝っている三沢先生といえば、私が診察室の隣でカルテを渡そうとしていた時、患者が先生に向かって突然怒り出したことがある。三沢先生が大きな目をむき両手を揺らしながら、なだめるように、

「そんな直ぐに治療法が決まる筈ないぞォ。来週来た時、はっきり診断できるからナ」

と、訴えるように言う。それに向かって叫んだ。

「今度こんどと言って、何時はっきりしたことが始まるんだ！　いつもそれじゃないか。二枚舌は止めてくれよ！　実験材料にするだけじゃないか俺たちを」

日本の医学会を先端で担う立場のやるべき使命がどんなものか、何となく判ってきていた私だったが、自分の患者からそんな言葉を受ける人や相手の研究方針を批判して、私にまで八つ当たりする人の中で私はどうすればいいのか……。患者の治療で実践的に治療方針を進める立場と、犬やマウスの動物実験を繰り返し、模索続けるこの先生の方法、その相違に優劣がつけられるのだろうか。

「三沢君は仙台での学会の会長をやる気でいるそうだが……」できるのかな、と言いたげな様子で私に近づいてくるその時、先ほど出て行った福田先生が慌しくドアを開けて、

「先生患者さんがお待ちです」と言いに来ると、やがて先生も出て行った。悔しくてならない。研究室のこの状況は常に続き、私には決して居心地よい職場ではなかった。

「この内科は終わり、もうあのやり方は古い……」同意を求めながらそんな会話を何度この研究室で聞いたことか。この実情を室長である東先生に訴えたが、察してくれるだけで現状は改善されない。東先生は宮内庁病院の天皇の侍医で、出自、家柄が良く温厚な人物で、このようなもめ事の解決には不向きな人物だ。

大学との両立可能な唯一の固定した職場、経済的にもギリギリのところでやっている私は、板挟み状態でも辞める訳にはいかない。

忍び寄る現実

昭和三十七年、十一月当時の、身辺の苦しい経済状況を日記は語る。

某日、東大研究室で働く収入だけでは足りなくなった。金詰まり限界に達しようとする日々、これ以上出費があれば絶体絶命だ。奨学金申請用のために、家庭経済調査依頼書を貰うべく故郷へ速達を出す。

某日、当てもなく歩き女子パート募集のはり紙ばかり目で探し続け神田まで辿り着く。神田の女子職安の門を入り、アルバイトの紹介申込書に記入してパート係へさし出すと学生証だけで登録が済む。次回紹介してくれるのを期待しよう。そのまま帰宅して読み古した本をかき集めて神田神保町の古本屋へ。引き取って貰うべく廻り三軒目で快く応じられて包みを解くと、本を見た店の主は一冊の本を返しながら、

「この本は売らないで貴方が持っていた方がいいですよ」と私に戻し、別の本を見て、

「いくらお望みですか？」と私を見ないで問う。

「判りません」と言うと金額を言われた。承知して代金を受取り、戻された本を抱き、追われるような気持ちで出る。これで一両日は過ごせそう。すぐ近い自分の大学の売店に立ち寄ってパンを買い熱いお茶を何杯も飲み空腹を満たすと、大冒険の後のように心が弾んで軽くなった。

某日、世間は行楽シーズン、医局のミカン狩り小旅行に誘われた。が、時間も何もそんな余裕はなく断ると、若い先生方が何度も入れ替わり誘いにきた。楽しいだろうけど行けないのだ。若い私にはこんな時が最も辛い。

某日、今日まで頑張れば明日はバイト代が入る。兄弟たちが私の慢性的な窮状をみて、学校を止めて一般会社に勤めろとか、虚栄心が強い、他に高賃金の勤務先ならいくらでもあるだろうと言う。しかし、英文タイプ教室、社交ダンス講習、ピアノ等どれも欠か

せないし、職場も大学も全てが将来のため重要なのだから。いつかこれらは花咲かせてみせるわ、そう力んだ。大学なんかやめろ、高等教育なんて女には不要だという感覚が未だ兄弟にもあるとは憤りさえ感じる。

某日、諍いしながらも、国分寺にある弟の大学の学園祭へ連れだって出かける。秋もたけなわ、武蔵野のキャンパスの敷き詰められたような黄金色の落ち葉を踏みしめて歩いて行く。弟は自分の繊維工学研究部の絹糸試験室へ連れて行った。

「一つの繭から一本の糸しか出んとよ。ほら、こげん上下から引っ張られても切れん」自慢げに説明する。引っ張り機械の様子を見て日本が誇る絹の強度に驚いた。

人込みの中にいつも話題に上る親友を見つけ紹介しては散策するが、学園祭にもかかわらず買ったり食べてはしゃいだりする余裕はなかった。しかし、いつになく学生気分を愉しみ、結局この日も大学近くに引越して住んでいた弟は家へ来てうどんを食べた後、家庭教師のアルバイトへ出かけ、私は課題図書にとりかかる。

青春の真っただ中、一体私は何をしているのだろう。これで良いのだろうか、ふとその思いがよぎり、夢だった文学から遠のいている自分を感じ、恐れた。文学への渇望ともいえる、せめて本に接していたい、そう思い立ち、読書が好きな他の医局に勤める人にも呼び掛けて「二十日会」という読書会をたちあげた。それから毎月二十日、決めた一冊の書物を中心に読書会を始めて平均八名の出席で、それは長い間続いた。

年末になっても帰る余裕などなく、帰省する友たちを見送るばかり。捨ててきたはずのふる里が、無性に恋しく浮かぶ。

東大研究室の職場が冬休みの間、五日間のバイトが決まった。池袋西口の三越から少し入った社員数人の不動産会社で、簡単な事務である。通い始めたその三日目のことだった。私は勇気をだして、

「バイト代、前払いで頂けませんでしょうか」そう申し出て社長の顔を見た。

「……考えておこう」さり気ないその答えに胸を撫でおろした。仕事が終わり退社の時刻がやってきた。今日貰えるのかしらと、もじもじしていると、

「今日はあなたに僕の行きつけの店でご馳走しようかな。時間あるでしょ」と言われた。できれば早く帰宅したかったのだが、穏やかなそのことばが他の人にも聞こえるような声だったので、はいと頷いた。そこで前借りを渡してくれるのかも、そう、期待した。

「さあ、出よう」と促されて池袋西口から地下道をくぐり反対側の東口までついて歩く。

薄暗くなっていく街並み、何となく不安になってきたが、ここで帰るのも不自然だ。

「ここですよ。やあー。さあどうぞ」と店の中から出て来た女性に向かって手をかざし私の方に手を振って招き入れる。

バー、スナック、初めて見る小さな薄暗い店だ。レストランを想像していた私はがっかりすると同時になぜ私を……。そんな戸惑いにも構わず女主人らしき人は慣れた仕草で誘い入れて、私はその薄暗い一隅に座らされてしまう。馴染み、とかいう女性は〝年増〟で、セットしたばかりの黒光りする髪に、しばしば手をやりながら、その腫れぼったい目線を品定めでもするかのように私の上から下まで流した。

「社長も隅におけないわねぇ。あなた、お幾つ?」。なんとも居心地悪く、頭の中で帰るきっかけを探しながら曖昧に応答した。社長は奥の方で何杯か飲んで、なかなか期待していた前借りを出す気配もない。しびれをきらして立ち上がり入口へ向かうと慌てて社長もふらつきながら立ってきた。外へ出ると真っ暗、周りは怪しげなネオンの灯だけがちらつき、似た様な店が建ち並んでいた。

「わたし、うちへ帰らないと……」。立ち止まって挨拶しようとするが、社長はスタスタと大通りまで出て手を挙げ、タクシーを停めて自分から乗り込んで私を手招く。

「若いのにそんな早く帰ってなにやるんですか。愉しまなくちゃ。ほんとにお兄さんなの？　一緒に住んでる人」。弟が出た後、当時会社を退めた兄が一緒に住んでいた。「ひとり暮らしなんて親がさせません」驚いてそう言い放ち、私は黙ってしまった。タクシーはもう見慣れた都電の大通りにさしかかっていた。

　その時、不意に社長は奥から重なるようにのしかかり右手で私を抱き込んだ。その酒臭い唇を押し付け、慣れた手つきで胸深くその手を差し込み鷲づかみにした。あっと言う間のできごとだった。なんということ、運転手がいる、見ているのではないか。胸がはちきれそうになりながら必死に振りほどき姿勢をただし、「運転手さんその辺でいいです」と平静を装い声を放った。慌てた社長は、「え？　此処では遠いでしょうに。あ、これ前借り分ね、それと今日の分。次にまた渡しますからね……」。何事もなかったかのように言いながら私の持っていた紙袋に札を差し入れた。

　投げ出すかのように私を降ろしたタクシーが走り去って、我に返った私は電停でもない路端に立ちすくみ呆然となっていた。

　大人たちの正体、これまで出逢ったことがない姿、あれは本だけの世界、筋書きの上での必然の成り行きとして描かれたフィクションだと想い過ごしてきたものが、こんな形で自分に……。屈辱に打ちのめされた。悔しく情けない惨めな自分。とぼとぼと歩き電停に辿り着き、人々の間に立って電車がくるのを待った。急にそこに佇む人たちがよそよそしく遠い世界の群にみえた。

母の思い出

年末に帰省していた弟が、みやげ話を聴きたくて待ちわびていた私の所へやってきた。僅かの間に田舎訛りがまた強くなっている。皆に囲まれて、近づく東京オリンピック開催前の東京の様子や自分の大学のことなど得意げに話したのだろう、と嫉妬さえする。

母から預かって来たという袋包みを渡された。もぎ取るようにして開けてみると、絹の白生地、母の物で新品では無い。洗い張りを一度した生地だ。

これを好きな色模様に染めて着物でも縫って貰えという事かしら。今どき、この都会でそんなことやるだろうか。ギャップを感じながら、その中に蘇鉄の実を包んだ白い刺繍の袋があるのが目にはいった。まるで悪態つく私に、何かを語りかけるごとく寂しげなそれを見た時、心うたれた。

本家の、広い庭の半分を占める程に生い繁るソテツが浮かぶ。何代も続く、お寺の檀家総代としての風格ともいえる、屋敷の守り尊のような巨木に付いた濃いオレンジ色の実をお守りにしろということだろうか。しかしそれでも私は、

「これだけ？」弟にぶしつけに尋ねた。この場において母から私は何を望んでいるというのか。弟は、母が「最近具合悪く何度か寝込んだと言うとったよ」と言う。

「エッツ！　何で？　そんな歳なの？」。飛び上がる程の驚きだった。これまで母のそんな弱い話を聴いたこともなかった。

その夜、眠れなかった。母の身に何か起きたらどうしよう、すぐにでも飛んで行って私の側に連れてきて自分の夢を追うのは止め、母の世話をしなければ……。私をあれ程に愛してくれた母。故郷を発つ時も、じーっと見つめ見えなくなるまで立ち続けていた母の姿が浮かんできて寝つけなかった。最近の自分の行動が後悔と共に蘇り、このまま倒れてしまわれたらどうしよう。何一つ恩返しも出来ないまま、もしかしてこの白生地は別れの形見のしるし……。

母の実家は現在の長崎県南島原市の南端、港がある口之津町の駅のすぐそばにあった。

故郷の海

島原半島の中央には、雲仙普賢岳が聳えている。半島を一周して有明海沿いに各市町村が並ぶ中、口之津の港は、明治の中期から終わり頃まで三井三池炭鉱の輸出港として多くの外国船が出入港して栄えた。

その名ごりか近年まで船員の町として国内外の船の乗組員が多い。

母の家は当初、町に多くみられた造船業だったが、港が三池鉱の石炭を中国方面へ輸送する港として栄える中、やがて祖父も他の転業者と同じく交易船による貿易に事業を移した。私が生まれる頃に祖父は亡くなっているから、当時のことは全て母から聞いた話である。大きな持ち船は〝黒船〟といった。後継者がいないために船を売り、「船の代金は大金だったばってん、金が無くなるンは早いもんでござる」と、残念そうに父に語っていたという。

私が母の実家を訪れたのは高校三年の時が最後になる。母の長兄が佐世保空襲で災害を受けた後、移ってきて医院診療をやっていた頃、母の使いで行った。そのとき伯父の奥さんは美しい言葉で、

「大学進学なさらないそうで、もったいない……」そのように言ったと思う。それを伯父は慌てて打ち消すかのように、

「勉強していれば今後どうにでもなれる！」と言って伯母の言葉を遮った。すんなりと希望する受験もできないことに沈んでいた時、そのやり取りは重く響いた。


この島原や熊本県の天草地方の農家の娘たちは、明治から昭和の初め頃まで、家の貧しさから口減らしと家計を助けるために東南アジアへ売られ船で運ばれて行った。

当時、海峡植民地政庁によって公布された「売春許可証」をもち、主に、ジャワ、スマトラ、ボルネオ等へ日本人娼婦として出稼ぎした若いそれらの女性たちは〝からゆきさん〟とよばれた。娘たちを誘拐し売りつけるのを業としていた、女衒のボス、村岡伊平治（一八六七〜一九四五）は、「数百人の娘達を誘拐して売り飛ばした」と、『南洋開

発の犠牲』自叙伝」講談社文庫、(二〇六頁)に記している。村岡伊平治は島原城内で下級藩士の長男として生まれた。

この地方の貧しさを産んだ原因として、一六六三―一六六四年の有史以来日本最大の火山災害による打撃と、徳川幕府の切支丹禁教令と圧政に対する島原・天草の乱により三万七千人の農民が死んだことなどにより壊滅状態の地になったことだといわれる。

一方〝からゆき〟は全国各地から出たが、特に島原や天草から多かった原因として「このあたりは古より唐人、南蛮人、紅毛人と異国からの船が行き来し〝異人歓待〟の風土が生まれ、海は〝終わり〟ではなく〝始まり〟にしたのだ」、という。(『世界無宿の女たち』大場昇)

母の実家周辺からも貧しい家の娘たちが、違法に貿易の品々に混じり密航者の手で連れて行かれたかもしれない。それは母の少女時代に重なる。

私は平成元年(一九八九)「海外の婦人との交流を通じて、国際的視野を広め、相互理解と友好を深め、これにより得た知識、経験等を婦人リーダーとして活用できる人材養成のため」という名目で、長崎県婦人海外研修へ代表十六名と共にアセアンを訪問した。

その旅の最後に、シンガポール日本人墓地の中の〝からゆきさん〟の墓所を訪れた。

〝からゆきさん〟たちは故国へ仕送りを続け、家計を助けて任期を終え帰国してみると、周囲の対応は冷たく蔑視され、耐えられず再び元の所へ戻った。そうして異郷の地で果てた彼女らの墓が延々と続いていた。墓と言うより石ころである。刻まれた名前も読めない程の石塔は、祖国への思いを断ち切るように全て海を隔てた遠い日本へ背を向けて建っている。

彼女らの計り知れない悔しさ哀しさに心打たれ、雑草の中に、汚れて転がる石ころでしかない墓碑を撫でながら名を探す。碑を建てて貰った人は全体の五分の一程度しかなかったという。

私たちは、霊園事務所で、負の歴史ともいえる説明を受け、写真集『シンガポールの日本人墓地』を買い、献金をした。

私は、生まれ育った身辺の地の事ながらその時初めて〝からゆきさん〟の存在を知って自分の知識不足を深く恥じ、帰国して母に詰め寄って問うたことがある。

「お祖父さんはもしかしてそんなことに関わって居たんじゃないの？」

母は、当時のそれらの世相環境を知っていたから、貿易で他国から帰って大盤振舞いする親に向かって問いただしたことがあったそうだ。

「そんなことは絶対にしなかった、と聴いてほっとしたことがあったよ」。そう言う母の言葉に安堵したが、哀しい女性たちへの償いをいつの日か、と心に誓った。

母の長兄は「徴兵逃がれ」のために形式的に養子に出され、のちに医師になった。次兄は船長として祖父を助けたが、出征し、三兄も共に戦地で死亡、黒船で交易し栄えた母の実家だったが、家業が継承されることはなく、家としては断絶してしまった。

迷い道

池袋でのできごとは足枷となって私を苦しめ続けた。汚らわしいと思いつつも金を受け取ってしまった、事実に目を反らすことはできない。

苦しみから逃れたい一心で、救いを求めるように何となく神田の神保町の本屋街を徘徊し、筑摩書房の世界文学全集や、太宰治の本を買って没頭した。三鷹に在る禅林寺では、太宰を偲んで毎年六月十九日、「桜桃忌」が開かれる。会に出かけて作家や文芸評論家たちに接し、文学環境を垣間見ることができた。

その場には有名な作家、文芸評論家、愛読者が集まり、食べたり飲んだりしながら太宰の文学に浸る。それが一通り済むと、太宰の故郷の津軽弁で津軽の詩人が彼の詩を読む。ほとんど聴き取ることは不可能な程の津軽訛りだった。

著名な白髪の文芸評論家・亀井勝一郎氏が居た。私は自分の能力もわきまえず、「私の書いた物を読んで頂けませんか」と勇気を出して尋ねると、「読む物が多くてネ、無理でしょう」とあっさり断られた。当然のことだ。しかし間もなく、主催側から亀井勝一郎の住所が送られてきたが、読んでもらう程の物は書いていない私だった。評論家・亀井勝一郎は、一九六六年没、あれから間もなく亡くなっている。太宰文学は、はしかのようなものだ、といわれるが私もやがて、太宰熱は醒めていった。

銀座のみゆき通り、並木通りと女性は皆、ミニスカートを穿き闊歩している。有楽町の映画館みゆき座や日生劇場、スカラ座でのロードショーの列はビルを二周囲むという洋画の全盛時代だった。私も大好きな洋画をいち早く観たい、けれど時間も無く金も続かない。必死にロードショー試写会の抽選に応募しては、当選券で行く。

『太陽はひとりぼっち』のモニカ・ヴィッティのけだるい迫力ある美しさ、カトリーヌ・ドヌーヴなどフランス映画の、ヌーベルバーグと言われるものが大流行した時代だった。半ば開いた唇、それが一段と魅惑的で美しいのはなぜ？　などと語り合った。リバイバルで『死刑台のエレベーター』（一九五八）を何度観ただろう。完全犯罪を目指すストーリーの巧妙さ、やるせない成熟した人妻を演じるジャンヌ・モロー。待ち合わせ場所に来ない若い恋人がエレベーターに閉じ込められているとも知らず、裏切りに打ち沈み、雨の舗道を濡れながら彷徨う姿、あの魅惑的な大人の女性の姿に若い私たちは魅せられた。

文学も映画も退廃的な虚無感の漂う風潮に浸り、避けようにも今の自分がそうした感覚を求め、それは更に私をその色に染めて心地よく響き合った自堕落なものと陥っていく。そのことから逃れることは不可能であるかのように、あの日の一部始終が執拗に付きまとうのである。

長与善郎『青銅の基督《キリスト》』の「綺麗な靴を穿いてゐた者は心してぬかるみをよける。だが一旦靴が泥にそまると、だん〳〵泥濘を恐れなくなる。そして遂に靴が泥だらけになると、もうどんな泥の中にも踏みこんで平気になつて了ふ」。

いったい私はどうしようとしているのだ。このままではいけない、茂みに潜む棘を抜き出して白日の下に晒して救いの道を探さなければ、そう思い続けた。

東大病院の研究室が並ぶ各階に電話がある部屋はごく少なく、私が働く所にもなかった。外部からの連絡は、医局へかかってきた電話を専属の女性が取りつぎスピーカーで全館通じるよう呼び出す。そんな電話に池袋の会社の社長から何度もかかってきた。アルバイトの呼び出しかもしれないと思ったが取りに行けなかった。三度目にかかってきた時に行くと、係の女性は受話器を渡しながら、

「何度もかけてくるこの人、おじさまではなくリーベではないんですか」とさり気なく言われ、電話の向こうで社長が何と言ったか、どきりとした。先ず会って電話の呼出しを止めさせなくてはならない。意を決して、しかし何故か少しおめかしをして約束した時間に会社を訪れると、社長しか居なかった。

「やあ、さあ、そこにかけて……。随分見違えるようになりましたね。どんどん変わっていくものなんですね、この年頃って」青みがかったグレーのきちんとした服装でやわらかい物腰だ。

「ほかの人は?……」と整頓されている社内を見廻しながら尋ねると、客を不動産の現地へ案内してそのまま帰宅するから、もう誰も来ないと言う。

「しばらくそこで宛名書きを、やってもらいましょうか。やることはいくらでもあるんですよ。今日はゆっくりして外へ出ましょう」

「いいえ」その手に乗ってはだめなのだ。

「え？　どうしてかなあ。大丈夫だから……」「学校卒業近いんでしょ？　費用も大変ですねえ」。こちらの〝弱み〟を見透かすような窺う目つきで、しかし優しげに視線を投げる。

「おとなはね、今まで遊ぶ余裕もなく懸命に働いてきて、こうして成功すると他の女性に興味を持つものなんですよ、いいんじゃないか。僕はね、以前、銀行に勤める女性をアパートに住まわせて逢いに通ってましたよ。一年過ぎた頃、結婚すると言うんで別れたけど、今はしっかりいい家庭を築いて……。君もどうかと思っているんだけどね？」

そう言いながら、まじまじとこちらの反応をさぐっている気配だ。

やはりとんでもない人だ、この人、そんな話がよくぬけぬけと……、耳を塞ぎたかった。そんな事が許されていいのか。しかし一方では卑猥な汚らわしくさえあることと知りながら、この種の話が私には珍しい。聞きたくない話に顔を背けながらも実は聞き耳立てているあの心持ちだ。身近に大人世界のそんな一面を聞くのは初めてだった。

「巣鴨刑務所が移転してこの池袋辺は超高層ビルが建ってどんどん変わっていくよ。会社もこれからどんどん大きくするんだ！　君にやってもらう仕事はいくらでもあるから、いつでも来るといい」。電話をかけないでくださいと言って退出する私に、

―君はまた必ずここへやって来るよ、僕を必要になる筈だ―、そんな自信に満ちたような声が背後から追い、それは私の記憶の部屋の扉を開けて蛇のように滑り込む。その部屋は文学創作への素材が保管される所となるのだろうか。

その年、一九六三年（昭和三十八）十一月二十三日のケネディ大統領暗殺事件が起きて、全世界を暗く衝撃的なニュースで包んでしまった。

翌日、四谷の聖イグナチオ教会では十二時から慰霊祭があるというので私も駆けつけた。まだ九時というのに四谷駅から上智大学の教会周辺は黒山の人集りだった。各国の大使や著名人たち、ライシャワー大使夫妻、岸信介、佐藤栄作、田中角栄など、要人が続々入場。十二時ちかくなると、車ごと秩父宮妃殿下、暫くして皇室用車が到着した。車から天皇皇后両陛下ご名代の皇太子ご夫妻が降りて来た。和装喪服の美智子妃殿下の細さが印象的だ。絨毯が敷かれた教会までの道、皇太子、妃殿下と二人がしずしずと進

んで、すぐ目の前を通って行かれるのを、人々の肩越しに観た。
初めて訪れるイグナチオ教会が私には眩しく輝いて映った。

扉

私は将来の選択を周辺から迫られている。

研究室から出た辺りで中央検査部の先生からまた、「中央検査部の方へ移る気はないか」と言われた。卒業近い私に向かって本採用ということである。一方現在の職場の三沢先生が辞めないでくれ、と念を押すように頼まれる。将来を決めなくてはならない時期が迫っている。

職場仲間は交流が密で、居心地がよく早急には去り難い。聖心女子大や学習院大卒業生など、いわゆるお嬢様も多く流行の装いで、驚いたことに、「ここでのバイトは結婚相手を探すために来たんですの」とあからさまに言う。職場の郵政大臣の娘は黒塗りの乗用車がお迎えに来る時も、しばしばだった。実際そんな手近な東大医学部の医師と結婚していく人も多くいる。自分にも幾度かその機会が訪れ、興味を抱かれる人も居たが応じることはできなかった。

私には今、装いなどにお金や時間を使う余裕などない。私の服装といえば、生地を買って洋裁店に持ち込み仕立てて貰う程度だ。

たまに行く洋裁店と並んで巣鴨駅前大通りにある、大きな「丸井」という月賦販売店がオープンした。全て十カ月の分割払いという当時としては画期的な販売法で魅力だ。余裕もないのに計画的なことが苦手な私は、開店早々にギターを買ってしまった。そのギターは、コードを張り替えては引っ越す度に運び、今も私の手元にある。

とうとう今年も終わる。除夜の鐘を聴きながら最も暗い一年だったことを思い遣る。来る年は卒業だ、学業をクリアし試験にパスしても月謝が未納なら卒業できない。都会に在って故郷は美化されているが現実は侘びしいものだ。不満の矢は故郷へ向かう。

〝ふるさと〟のもたらすイメージは嘘だ！　両親も故郷も「涙して想う」と詠われるような美しく郷愁をそそられるものではない。心のどこかで親が援助してくれるものと期待していたのに……、そんな屈折した不平不満が恨みがましく浮かぶ。

歳末特別警戒の中、兄が銭湯で盗難に遭ったと言っていたコートが、電停先の質屋で発見された、とお巡りさんが知らせに来た。何カ月も前の盗難だ。

「良かったですね。受け取りに来て下さい」と声掛けして行った。どうでもいいや、と独りになると自暴自棄になりそうだ。

向かいの狭い通りで餅つきの杵の音や人々の声がしていたが、年が明けると着物を着飾った女の子らが、羽根つきしている。下町の長閑な風景が田舎の美味しいお餅を思い起こさせる。お椀には大きな丸餅がふたつ、里芋や人参・牛蒡、真っ赤な根っこのほうれん草、カマボコなどいりこだしの具沢山の雑煮が湯気をあげて、熱々で頬張る。最後に食べたのは、いつの日だったろう。郷里が恋しくてならない一層惨めさを掻き立てられる。

帰省する余裕も無く学費を備えておかなければならない身だ。

そのような時にまた職場に池袋の不動産会社から、呼び出し電話がかかる。汚らわしく感じただけだったのではないか、と自分に問う。しかし、未知の世界を垣間見た、もっと見たい、知りたいというもう一つの渇望に似た感覚が私の中で芽生え、煩わせる。それらを知らなければ文学など書けない、などとさえ考える。大人の世界、不思議に理性を超えた誘惑が拒否し難く招いてくる。自分に「女性」としての魅力があるかどうか気掛かりな、口先だけでも反復して招かれること自体が魅力の確証となるのではないか、そんな風に勝手に信じた。

何よりも、目前に迫る必要な資金源のアルバイト先でもあるわけだ。迷いの中で〝このまま進んで行ってはいけない、何処へ行こうとしているのかさえ定かではない所に留まってはいけない〟と、心の奥の良心が悲痛な叫び声を上げている。葛藤するそんな心で決意してまた池袋への電車に乗った。与えられた書き物の仕事をしながら、

「社長さんはどこにお住まいですか?」。何気なく訊いてみた。

「西武線沿線ですよ。子どもは電車五駅乗って大塚の受験塾に通ってるけど、中学受験って大変だなあ……」

「あら、わたし家庭教師できます。ご自宅へお子さん教えに伺いましょうか?」

この一言に突如、社長は緊張の面持ちを顕わにして沈黙してしまった。それから念を押すように、回転椅子を私の方へ向き直って、

「君は良い人ですよね……」そうひと言漏らした。

私は咄嗟にその意味を考え理解しようとした。—それでは当初から私は社長にとって家族に知られては困る、ことによっては「悪い女」になる可能性を含んでいた存在だっ

たというのか。

うちのめされた心で帰宅して、渡された袋を開けると、それを裏付けるような高額の報酬が入っていた。

侮辱と知りながら自らを欺き汚れた心を、誰にも打ち明ける人もない苦悩。このようなことが何を意味するのか気づくこともなくいつしか背徳の方へと道を彷徨っていたのか。―そんな時、ラジオから流れる心理学者の語りが聴きとれた。

「人が考える時は、何か考えねばならぬ時なのである。人はその時をいい加減に過ごさずに、解決尽きそうになくとも考えに考え、考え尽きるまで考えるべきなのです。止めてはならないのです」。それは自分に向かって言われているのではないかと思えた。

―考えなさい、止めてはいけない……、と流れる言葉が心を刺し、これ以上もっと苦しめと言うのか。苦悩は救いを求めもがいても、この救い難い感覚の癒しの答えは返ってこない。

上京以来、出合う全てが珍しく、更に未だ見ぬ世界に出合いたい、手に入れたい野望、そんなはざまで遂に大人の援助を受けてしまった。その向こうに何が待っているかも知らずに……。―これを書いている今、ふと本棚の宮本輝の『本を積んだ小舟』を開くと、その一節に当時の自分の姿が重なって見える。

「何もかも思いどおりにならず、内側から噴き出て行き場を失くす自我や、正体不明の抑えようのないエネルギーを持て余し、自分という小舟をどう扱ったらいいのか見当もつかないまま、ただやみくもに波や風に逆らっている」(『本を積んだ小舟』)

日本の急速な経済成長の中で、湧きあがるエネルギーをコントロールできず道に迷う自分、ひたすらに取り残されまいとあがき苦しむ姿を送った自分の姿だ。

救いを求めて、今日こそ教会へ行ってみたい。が、何か恐れ、後ろめたさの感覚が足枷となって行けず、過ぎ越し、そんな日を繰り返し、躊躇いながら、遂に或る日曜日の朝、上智大学の聖イグナチオ教会へ向かう。ケネディ大統領の追悼ミサの時以来だ。

辺りを見回すと、人々が祈りのために集まってくる。それだけでもミサに参集する人々を尊敬したくなる。なぜイグナチオ教会へ行こうと思ったのか、苦悩への救いの糸口を示してくれそうに思えたからだろうか。聖水に触れ十字を切って献金し椅子を片手で触れ膝まずく人の仕草を眺めながら、何も解らず私は入口あたりで神父をつかまえて、尋ねた。すると、来週から始まるという講座を紹介された。

『求めよさらば与えられん。…叩けよ、さらば開かれん』マタイ伝。

教会が門戸を開き両手を広げて、私を迎え入れるため待ってくれているかのような気がした。そうして毎週土、日曜日、力を振り絞るようにして、家から遠いイグナチオ教会へ通うようになった。

二、暗闇から

エルリンハーゲン神父

上智大学講座の受講生は、上智大学の学生が多く、社会人になったばかりの若者も多かった。カトリック入門から宗教哲学まで数多くの講座が開かれており、私が受けるのは主にドイツ人神父・上智大教授のエルリンハーゲンという人が担当していた。この哲学博士のヘルムート・エルリンハーゲン師[注1]に出会えなかったら、その後の私はどうなっていただろう、と思えるほどの出逢いとなる。

ドイツ生まれの師は一九三八年、ローマのイエズス会を経て、元・上智大学理事長、クラウス・ルーメル師らと共に来日し、広島市郊外の長束修練院で被爆した。以来二十八年余、日本東京に在住しカトリックの教育と布教に携わった。

エル様の愛称で呼ばれていた師は謡曲が得意で、「葛城」を唸り、それをドイツ語に訳してドイツで日本を紹介したことでも知られている。その名からとった「かつらぎ会」という、師から洗礼を受けた者を中心に集う八百人ものカトリック信者の会には、国会議員など著名人も多数名を連ねていた。

講座、「愛のおきて」、では実践の大切さを解かれた。自己満足の段階ではいけない。講話の中のひとつひとつが自分に向かって言われているようで、古傷をえぐられる思いがした。「私たちの出会う不幸も幸せも全て神の摂理である」と説かれ、受講中、エルリンハーゲン師から向けられる眼差しは、自分がこれまで行ってきた数々の退廃的、不道徳かつ反抗的な心情や傲慢な行為をその一瞥で見抜いてしまわれそうになる。もはや逃避の道はなく、ここに私のすべてを委ねる気持ちにさせるものであった。

そんな時、私の記憶の部屋の窓は開く。あの援助によって窮地を切り抜けた時のことが浮かび上がってきて、罪の上に成り立っている今を感じさせられた。この傷は繰り返し蘇り苦しめ記憶の部屋でくすぶり続けるのだろうか。

この時代の自分をモデルにした小説を書き留めて、後の、昭和五十六年（一九八一）から数年間在籍した、井上光晴文学伝習所の同人誌『群れ』に、載せてもらった。この文学伝習所は長崎が最初で、第一期を長崎県佐世保にて開講したが、毎年書いた中、それは長崎での第五期か六期の時であったと思う。小説では自分を友人に置き換えて記述したが、たちまちにして合評会の席で、「主人公は貴女だろう」と井上氏から指摘された。合評会で語られる忘れられない氏のことばのひとつに、「体験の重み、強み」があった。どれだけ真実に迫って描こうとも体験した人には叶わない、と『収容所群島』の体験者ソルジェニーツィンの例をあげて説明された。また、三冊のノートを書く法を言われ、暫く二冊書くのを続けた。

井上光晴著作は伝習所の仲間と沢山買ったが、その難解さに数頁で読むのを諦めた。読み終えた本がどれだけあるだろうか、本棚に今も綺麗に背表紙を並べている。

振り返ること昭和三十九年（一九六四）一月二十二日の私の日記に、「五十回 下期・芥川賞発表、三十五歳の女性が受賞した。なんと若い人だろう」と記しているが、その人は田辺聖子さんで、『感傷旅行』だった。今、私が学んでいる大阪文学学校の大先輩である。その時の候補作に三十七歳の、井上光晴『地の群れ』も並んでいた。

明日から学校が始まりすぐ試験だというのに、月謝を納めていないと受験もできないという現実が目の前に立ちはだかる。一体夢なんてどこへいったのだろう。中学時代から自分に叫んできた文筆家への夢は消え果て、ステップと思う大学すら……。

そんな時、突如、研究室からの昇給の通知。卒業してもここへ留まってという意味の昇給だったのかもしれないが、ひと先ず単純に喜んだ。

更に、父からの送金があった。これで卒業は大丈夫だと、停止していたエネルギーに火がついた。卒業に向けてレポート提出や連日の試験に熱中し、並行して就職試験だ。大学を通じ申し込んでいた、リーダース・ダイジェスト東京本社面接試験通知がきた。当時、会社は千代田区有楽町にあったが、建て替えで大学そばの一ツ橋に移転するという頃だった。その他に二つの二次試験があった。

出かけて行くと秀才にみえる女性が三次試験の面接に数人も待っているのに圧倒された。

その日私は、卒業者発表の大学に走り、自分の名前を確認する。翌日真っ先に報告を兼ねて、僅か八カ月の職場・早稲田大学研究室の秘書の松木さんを訪ねる。直接会って打ち明けたいことが山ほどあるような気がしていた。そのほかに遭いたかった人たちがいた。

財閥の長男、静かなMさんも自分たちの研究室から出てきて何時間も談笑した。ほんとうに皆が懐かしい人たちだ。Mさんは大学院卒業生総代だという。人生の花道を真っ直ぐに進む、生涯がばら色に約束されたような人だ。ここへ勤務していた頃、Mさんと電車で一緒になって研究棟まで歩いた日々が蘇ってくる。

彼らは自分のやることも休んで、研究室所属卒業生たちの就職先が決まって、どこそこへ行ってしまったという話や、東京生まれのH君が岩手の新日鉄釜石に就職するので両親は心配して早々に東京で結婚させて嫁さんを連れて行くという話など、しゃべり続ける。

「釜石でどんな女性につかまるか親が心配だからなんだって。二十二歳だよ、まだ！」

「研究室で結婚一番手とか……」

「『結婚がトップバッターなんて自慢でもないよなあ…』と先生が言っていたよ」など、その場に居ない人が話題にされて盛り上がってくる。私の表情も楽しげに見えたのか、

「も一度、B研究室でもいいからこちらへ来たらどうですか？　そしたらKが一番喜ぶ

でしょうね……」
「君じゃないか、喜ぶのは！」。いつも早稲田は若々しく罪のない話と暖かい雰囲気に満ちている。ここでの職場を解雇され、去ってそれほど長くない間に多くの試練に遇い自分は何と遠くへ来てしまったのだろうと、はるかに苦い思いが馳せめぐる。もし、もう一度やり直すことが出来たら、自分もこの暖かい環境でみんなと若者らしく過ごしていくことができるかしら……、と束の間の惑いに揺れた。が、もはやすべてが遅い。自分は全く別の道を選んでしまっている。

秘書の松木さんは有能な信頼おける女性だ。彼女だけ居る時を見はからって、池袋のバイト先でこんなことを言われたの、とあの話題に触れてみた。すると想像以上の驚いた反応で、帰宅時間を繰り上げて私についてきた。
「絶対にいけないことよ。そのような大人の言葉を信じて応じてはいけません。大丈夫よね。判るでしょう」。既に自分の中で解決していたから告白したのかもしれないが、そうした優しさと包容力にすがりつきたい気持ちだった。たった独り、手さぐり歩きの青春であれ程に迷い続けている時、相談する人がここにいたのだった。

卒業を前に多忙な日々を過ごす私の机に、

「パチンコへ行ってくる。めしを炊いといてくれ」の書きおきがある。弟たちがやってきて兄と三人揃って出かけて行ったようだ。

やがて「負けた、負けた」と言って連れだって帰ってきた。私はいつまでたっても都合のいい家政婦役にさせられている。食卓を整え、みんなを残して、卒業謝恩会が行われるホテルオークラの玉の庭会場へ向かう。ほとんどの学生が見違えるように華やかな着物姿で来ていたのには驚いた。

兄弟と密接な仲であっても何か孤独感ばかりが支配している。これから先、自分はどのようになっていくのだろう、これでよいのだろうかと、いつも不安がかすめる。

同郷の久間君が、自分たち剣道部の主催するコンサートのチケットを、職場へ五枚も買ってくれと持ってきた。「公務員試験に合格したよ」と嬉しそうに言う大声は、将来国会議員になる素質を持っていたのだろうか。この人も就職準備で帰郷しなかったようだ。東大を卒業したら農林省かどこか官公庁にはいるのだろう。

皆、自分の道を見つけて進んで行く、取り残された自分だけが、戸惑っては立ちすくんで居るかのよう。

昭和三十九年（一九六四）三月二十五日、保護者代理で兄が出席してくれた卒業式だった。

カトリックの洗礼

この年、五月十日の私の日記に、「無神論者で知られるニーチェの日誌の次の一文が見つかった、という記事を読んだ」、と記している。ニーチェの日誌の一文は、『私の心の奥底の誰も知らない所に祭壇が在る。私は時々其処へ戻って行く』だった。人は皆、誰であろうと例外なく、悩みから救いを求める場所が不可欠だ。これは私のカトリックへの求心に強い後押しとなった。

上智大学で一年ほど公教要理、倫理哲学や宗教倫理を受講し、その間、練成会やボランティア活動にも参加した。皆と真冬の銀座のデパート前で、街頭で、募金活動に励み横浜の重症障害児施設不二愛育園建設資金へ贈った想い出がある。そうして友人たちの励ましにも支えられ、一九六四年六月に上智大学の奥の聖堂・クルトゥールハイムで、エルリンハーゲン師のもと洗礼を受けることになった。師から渋く黄色い鼈甲色のロザリオをいただいた。

必携の書「キリスト信者宝鑑」、「ミサ典書」、「告解の秘蹟」などを揃え、友人たちが受洗のお祝いに「祈禱集」や「公教聖歌集」などを贈ってくれた。いずれもイグナチオ教会近く、麴町のエンデルレ書店の物である。一年後、更に堅信を受けるに至る。

のちに私に結婚話が出た時、母は私がカトリックになっていなかったら良かったのに、と残念がる言い方をしたことがある。カトリック信者ということが障害になるような相手だったのだろうか。洗礼を受ける時は身の回りの誰も何も言わなかったのだが……。

洗礼に先立ち、エルリンハーゲン神父様の研究室で、今後の信者生活についての注意や、心構えを受ける。

先ず、告解（告白）を少なくとも月に一度はするように、しかしその時は短く神父さまには具体的に解り易く言うこと。その時は小さな罪を。

「じゃ、大きな罪はどこで告白するのですか？」

「あるのですか？　例えばどんな罪？」私がどうして簡単に具体的にここで説明できよう。私は口ごもった。先生は、「じゃあ当ててみましょう」と言われ、

「財産のこと、愛のこと、性のことか？」などと述べられた。そして再び、

「財産じゃない……、では、人を傷つけた、愛情を断った、とか何とかで……。それじ

洗礼式後、ハイム前。中央がエル神父、その左著者

ゃあ……」。ここまで言われては、あるところまで告白せねば先生は納得いかないだろう、承知して下さらないだろう、と説明を整理しはじめた。すると、

「…わかった。人を愛したのですね。妻のある人を」。私はうなだれた。心の中で、愛したのだったらもっと救いがあったのに、と思った。

「深い関係までいったのか、相手はどういう人か、医者か先生か、子どもがあるのか、お世話になったのか？　誘惑されたのか、喫茶店に行く程度か…」矢継ぎ早に言う言葉に私は、その予想の対象が的外れの方へ向かっているのを止めることもできずにいた。私の職場から推量したのか、

「そうですか。医者と言う者はそんな人が多いと聞く。特権階級意識で道徳的にルーズな点があ

る」。何も言わなくなった私に向かって言い続ける。

「一度ですか？　何度も？」私はあらゆる重い石が一気に押し寄せてくるようで、どこかで誰かと置き変えて伝わっているにもかかわらず、それらと共通した罪であるように感じて、涙が頬を伝わった。師はもうこれ以上私の口から聞き出そうとはしなかった。

そして厳しい声で、

「これからはそんなことはないですね。大丈夫ですね。では信じます」と言われた。

これから「告解」という形で自分の過ちを自覚し、それは、即ち社会への公表につながり、永続的に「罪」を意識しながら生きていく行為として受け容れられそれは〝許し〟につながるだろうと思った。

師は、多くの若者男女を紹介し、「ここには若い人たちがたくさんいます。ダンスパーティーもあります。あなたも来てくれたら皆、喜ぶでしょう。自由な人を、妻子の無い自由な若い人とつきあいなさいよ。もっと明るくおなりなさい」そんなことを言いながら、当時ヒットしていたジョーン・バエズの『ドナドナ』JoanBaez「DONNA DONNA」を歌い愛用のギターで弾いてくださった。

いつしか私の心は、揺るがぬ今一つの世界と出逢い、導かれて、暖かい雰囲気の中で平穏で明瞭な日々を取り戻していったようにおもう。

エルリンハーゲン師は後に、日本での数々の業績を果たしながらも、或る事がイエズス会の掟に抵触したという咎によって、イエズス会本部から日本滞在を強制的に解かれ、日本国外へ退去させられる。詳細については、師の追悼集[注2]に明らかだが、国外追放後、日本への思慕の念を一度だけ果たす機会が訪れた。それは、「国際ロータリークラブ第二七〇地区とハイデルベルク地区の交流のための日本語通訳案内」という形での広島への小旅行だったが、師にとっては虚しいものではなかったろうかと推察する。

そのあと、「一度も訪れたことが無い九州へ行きたい」と申し出されたそうだ。その願いは叶えられなかったようだが、私にはいまだに訝しく思うことがある。師が存命ならば問い質したい程に不思議なのだ。

師は、のちの一九六七年に私が結婚して一年後、三人の信徒を伴って長崎を訪れ、私の結婚先の家に一泊されている。その時、師が著した数冊の冊子が、サインや日付と共に頂いた記念に残されているのに……。なぜ「九州を訪れたことがない」、などと言われたのか疑問が解けないのである。

師は、そうした日本への僅かな旅から、ドイツへ帰国された翌早朝の十月二十九日、司祭館にて突然持病の喘息の発作に襲われ死去された。この日を、日本時間に直すと奇しくも私の誕生日の十月二十八日に当たるということを知って因縁を感じないではいられない。また、来日された一九三八年は私の生まれた年でもある。

そんな日本との別れがあったことも、かなり後になって知った私は、何一つ師への別れの言葉も告げてはいない。

私が就職を決めかねていることを感じた研究室の三沢先生と中央検査・診療部の主任先生は、私の採用についての話し合いをされた。

その結果、研究室の仕事も手伝うという条件付きで、中央検査室へ来て欲しいということになった。私はどちらにも必要なのだと、自負心をおぼえながらその申し出を承諾すると、どちら側も喜ばれた。

大学三年への編入資格はパスしていたのだが、この時そちらへの道は一端、閉ざされてしまった。勉学への夢は忘れられず、のちに文化情報科学の修士号取得まで至るのだがこの時は、抱き続けてきた夢が少しずつ削ぎ取られていく寂しさを感じていた。

採用に先立ち、突如中央検査室から、より有利になる国家資格の臨床検査技師の試験を受けて資格を取得してほしいと言われた。

それは困難なことではなかったが、自分は大きな選択をしただけに、今になって条件めいたことを提示されると、もっと別に夢のある職場がある気がして暫し憂鬱な気分になった。

しかし、従わなければならない。職場に必要な実技技術は充分に経験済みだから受験さえすれば良い。理論の方を何人かの先生から指導を受けた。

特別設けられた資格試験の日、東大の工学部だったか、25番教室で筆記試験を受ける。それが終わって午後二時から慶応大学へ向かい口頭試問試験が待っている。試験はペーパーテスト、実技、面接の三段階であったが、慶応病院からも二名の女性が受けて、その試験官は東大の先生、東大側の私ともう一人は慶応病院の先生から面接の口頭試問を受ける。口頭試験は、「検査の血液が少なすぎた場合はどうするか」、「こんな結果をどう判断して再検査するかどうか。こんな被検者にはどう対処するか」のような、経験者にとっては至極常識的な問が二名の試験官から出された。

六段階総評の五判定で、結果は、二名が合格し私も無事国家資格を取得した。やがて卒業と同時に、文部省文部技術員の資格で国家公務員の辞令を受け、社会人として認められたのである。

それにしても、二年近く馴れた仕事を見慣れた人々の中で、これからも続けて行くのかと思うと、絶えず疑問が残るスタートであった。

そんな夜「羽田発九時零分」のラジオ番組を聴く。タイトルに沿った語りで、ヨーロッパを回ってきたスチュワーデスがコペンハーゲンの印象をレポートした。毎週聴いていると、外国への夢がかきたてられる。

パリからフランクフルト経由で、デンマークまで列車で十八時間かけて、五千円程度で行けるというではないか。旅したい！　煽りたてるように旅への夢が湧きたつ。「人間の絆」サマセット・モームに読み耽ると、信者になったからこそ理解できる箇所が多く、主人公フィリップの旅をしながら人生の挑戦と挫折を繰り返し成長していく過程は、あの若さで！　と、全く自分の無力さに情けなく苛立たしくなってくる。

ラジオの放送と相俟って、どうにかして外国へ行く方法はないものかと思い始める。もしかしてこの今の公務員という安定そのものさえ、進歩しないことの意味ではないだろうか。ヨーロッパへ行きたい。一度しかない人生だ！　一刻の猶予もない気がしてきた。行ってどうする？……。行くと新しい何かが拓けるような気がするのだった。

四月中旬の東京にしては珍しい、ぼた雪の中、友人と上野の国立西洋美術館へミロのヴィーナス展を観に向かった。凄い人垣を掻き分け二百円のチケットを手に列に並ぶと、後ろからどんどん会場へ押し込まれた。展示会場はひとつ、中にはいると、ヴィーナスの彫像を中央に、らせん形に緩やかな傾斜で囲まれていて立ち止まらないようにしながら、チラチラッとだけ観て歩みを進めなければならない。

あまりにもの人ごみに、一緒に行った友人とはぐれてしまった。楽しむにも無駄と思えるようなエネルギーを要する、実にこれが今の東京なのだ。

アベベ選手

昭和三十九年（一九六四）私は、国家公務員・文部技術員として文京区本郷の東京大学に勤務していた。

東京は、オリンピック開催が迫る中、その準備に拍車がかかり急速に高速道路が整備されていく。行き慣れた竹橋付近に首都高速道路のジャンクションができた。そのために〝日本橋〟の石碑は立体交差の高架下になって全く目立たなくなってしまった。校舎から見えた、お濠の彼方、半蔵門や千鳥ケ淵、靖国神社方面の大パノラマも、もう見慣れた以前の景観ではない。

靖国神社は、故郷・長崎で、まだ中学生だった長兄が学徒動員中に原爆の犠牲になった、あの兄を偲んで祈りに通ったところだ……。

半蔵門の英国大使館近くの東條写真館は、私が訪問着を着て撮った思い出の写真館。明治四十五年創立の歴史を持つという。昭和天皇即位の公式写真をはじめ、エリザベス女王ご夫妻、歴代の総理大臣、ライシャワー駐日大使など著名人の肖像写真を数多く撮ってきた写真館だ。

目ざましく成長した日本の姿を、オリンピックで世界に示そうとするかのように、ほとんど造りかえられ、私の挑戦と苦悩の青春が一杯詰まった地域は根こそぎ消えて行く。オリンピック聖火は、九月十五日、私の故郷・長崎を出て佐賀へ向かったと報じている。

一九六四年（昭和三十九）十月一日、東海道新幹線が開業する。

間もなく東京オリンピックが開幕だ。

故郷の父から、テレビが入荷したと嬉しそうな手紙がきた。五日後の八日のオリンピック開会式に間に合ってよかったと書いてある。五人の子どもが次々に故郷を出てしまったあと、以前の頑固だった父はすっかり変わり、よく手紙をくれるようになった。そんな父と、いつも従順な母は、広く静か過ぎるふたりだけのあの居間で何を語りながら観るのだろうと情景を想い描いた。すぐに返事を出したいが、また父の、細い斜めの字体の赤ペンで誤字訂正したものが、これは、と思う新聞記事の切り抜きとともに、どっさりと送られてくるかと考えると、すこし鬱陶しく手間がかかってやめてしまう。

東京へ着いた聖火は十月七日の昼休みどき、文京区初音町辺りでリレーの引き継ぎが行われるという。それを撮ろうと同室の宮田さんは、望遠カメラを担いで飛び出して行った。ここから直ぐ近い！　我々だって行きたいけど、仕事はどうなるの。

いよいよオリンピックの聖火が灯された。テレビや新聞もその話題で過熱気味だ。そんな時、親友の素子さんから、「私の家から聖火が見えるのよ。見に来て！」と誘われて、彼女の家に泊まりがけで出かけた。聖火は夜の方が良く見えるからだ。

素子さんの両親は仕事の都合で長野県松本市に赴任中、彼女は弟と二人で青山の四階建て都営住宅に住んでいた。都営住宅は、地下鉄半蔵門の表参道で下りた、代々木のオリンピックメイン会場の国立競技場に程近い所に在って、四階のベランダは聖火台の灯を観るには絶好の場所だった。

夜空に赤く映える聖火を、ベランダからふたりでいつまでも眺めた。なんとなく、互いの運命も分かれ道にきていることを感じていた。

松本市の彼女の両親宅を拠点に、一緒に上高地、河童橋そして槍ケ岳、穂高を仰いで徳沢小屋のログハウスに雑魚寝したこともある。上高地周辺はまだほとんど観光化されておらず、美しい自然がそのままに保たれている頃だった。


十月十日の土曜日、いよいよオリンピック開会式の日、兄が買っていたテレビで中継を家で観るために勤務が終わる正午になるや否や外へ飛び出した。

正門への銀杏の落葉並木はすべて黄金色と化し、昼間の道はいつも私が見るのと違って、目を奪うばかりの黄金の世界だ。朝か夕刻にしか通らない私は、移りゆく季節の色に気がつかないでいたのだ。

一時四十分、待望の開会式中継、なんと、兄とふたりの弟四人が狭い部屋のテレビの前に集まった。何の予告もなくまさに結集とでもいえる状況ではないか。中継は延々と夜まで続き、ひとり女である私は、いつもするようにお茶・お菓子、おにぎりを作って並べるのだ。

三日後の新聞の見出し〝フルシチョフ第一書記辞任〟のニュースに驚いた。一九六一年八月、〝ベルリンの壁〟を建造させたフルシチョフは失脚し、党第一書記はブレジネフに替わったという。

やがて私もオリンピック開催中の休日、カメラを携え会場付近に出かけ、周辺の欧米人の姿や情景を写真に多く収めている。競技場付近には、日本人に求められてサインしている選手でもない人、役員であろうか、その帽子や胸にはバッジがぎっしり並び、カッコ良さに見とれシャッターを切った。

通りがかりの街角のテレビは、日本選手の健闘ぶりを報じて、連日その前に人々が群がっている。女子バレーボールの日本対ソ連との決勝戦は最高潮の盛り上がりをみせた。

やがて競技は二十一日の最終イベント、マラソンの日を迎えた。私は同僚とマラソンコースを探して走った。一段と多い人だかりができている。

「あの辺よ！」と叫びながら人ごみをかき分け最前列で待機していると、あのエチオピア伝説の〝裸足の英雄アベベ選手〟が独りで走ってくるのが見えた。圧倒的な勢いで……。この時は、靴を履いて先頭を走って来た褐色のひき締まった身体。

私は、目の前を凄い速さで走り去る英雄アベベ・ビキラ選手の姿を、カメラで撮ってしっかりアルバムに収めている。私の目を通して撮った歴史上の仙人のような雄姿だ。アベベは、銀と銅メダルを接戦で競った円谷選手と英国の選手を五分近くも引き離しての優勝だった。ぼやけた写真だが、東京オリンピックを語る時、私は後々までもこの写真を指さしながら、その現場に居たことの証にしている。(口頁写真)

街角、商店街のどこへ行っても「オリンピックの顔とカオー」と、三波春夫の歌が流れる。どの種目もメダルを獲って乗る表彰台はアメリカとソ連が独占し、その国歌が流れ、なかでもアメリカは強く、国歌を覚えてしまった。

競技やモラル、仕草、いずれをとっても欧米人は何と洗練されて見えたことか。日本人との差を見せつけられ、全てが日本は未熟な途上国だと思い知らされた。

私にとってオリンピックは、日本全国から東京へ向かう波風の中、故郷脱出のきっかけのひとつとなったかもしれないが、そうした風の勢いの渦の中で、ひたすら取り残されないよう、自分に過酷なまでに何かを課して、何かを得ようと求め続けた青春のもがき、苦しみ、迷いを産んだ背景でもあったように想う。

オリンピックの灯を一緒に眺めた素子さんは間もなく、お見合いして交際していた人と結婚していった。

周りをみると親しかった友も去り次第に私はひとりになっていた。

勤務は八時半から五時半という、単調な繰り返しの生活になっている。私の病とでもいえる、好奇心、変化、それらを満たすものの極は、日常という甘い枠を抜けること。更にその向こうにある柵に挑むこと。一体いつ、どうすればそれが果たせるか、そればかりに考えが向かう。

果たして短大卒業のあのとき、大学へ編入の道を選んでいたらどうだったたか、とふと立ち止まって考えるのだ。でも時には、この職場で垣間見る、時代を感じさせる人間臭い光景は私に刺激を与える。

中央検査室には、作家・壺井栄、岸信介元首相、相撲の力士、漫画家・近藤日出造など多種多様な業種の人たちが、検査にやって来て対話ができる。

内科病棟の特別室に入院中の岸・元首相は、退陣したのちも組閣への影響力を発揮し病室から指示を出していた。付近には黒い高級車が行き交った。病室担当の看護婦さんがそれとなく話してくれたトピックスに、目を輝かせて聴き入ったものである。

能楽・宝生流のシテをやる女性は、私たちの検査室に通って来た。懇意になって、春日町の能楽堂の舞台で演じる彼女の姿に感動したのも、ここに居たからこそ能と出会えたのだ。能面の奥から出す謡は、特に宝生流は太く大きい肺活量が求められるという。

宮内庁病院の侍医長の先生の話も面白かった。今どき、お毒味が行われていること、皇族の検尿をさし戴いて病院へ持ち帰り検査することなど。

さり気ない対話の中に珍しいことに直面し観察することができる。限りない私の好奇心に応えてくれるまさに創作のテーマになるような、想像力を駆り立てる刺激的場面をここでは目撃できた。

ある時、車椅子に乗せられて、萎えた様子の四十歳近い男性が基礎代謝という検査にやってきた。何かの会話のなかからその人が長崎市出身の人であると分かった。

「あら、私も長崎ですよ！」と言うと、その人の表情が急に活き活きとなった。

「これはねえ、原爆のあの時からですよ。長崎の城山小学校の生徒だったんです。学校は休みでしたんで、家の周りで遊んでたんですがね、あの時……」と、足を指さして見せ、怒りを込めて被爆の時の様子を語り始めようとした。

城山が車椅子を押してきた若い女性は、慌ててその言葉を制して黙らせてしまった。

小学校といえば、爆心地の真向かいの丘の上にある。そこでは千四百人余りのひとが亡くなり、この人が言う家の周りに居た子どもも辛うじて、五十人程しか助からなかったが、生き残っても後遺症に苦しむ人々もいる。

「そうか……」、と私も口を閉ざしながら、原爆のもたらす複雑さ深刻さを見せられたような気がした。原爆被爆者に対する差別があることを、長崎から遠く離れた東京に居る私でさえ聴いていたから。できるだけ被爆者であることを隠してきた人々の話も知っている。

被爆は後遺症を残す不安があるものの、遺伝性までも案じられ、結婚する時の障害になって自ら命を断った人の話も聞いた。

初めての独り暮らし

短大時代の旧友からの速達は、私に契機をもたらした。

「今わたし、小学生と中学生向けの学習塾で教えているけど、生徒が増えてどうにも教師が足りなくなり困っています。誰か見つかるまで暫くの間でもいいから、出来る範囲で手伝ってほしい。塾長から頼まれて貴女が浮かんだんです。是非是非、教えに来て下さい」。そんな内容が便箋五枚にぎっしりと書かれた手紙だった。必死さが伝わってくる手紙に動かされる。だが教えた経験もほとんどない私にそんなことが出来るかしら……。それよりも勤務が終わって駆けつけて、塾が終わるのは夜、到底無理でしょう。そんなやり取りをするうち、電話がかかってきた。

「塾の家には教室のほかに空き室があるのよ。できればここに住んでほしいって。その方が塾の方でも安心だと塾長がおっしゃるのよ」と。

自分が公務員であることも気になることではあるが、長い間のことではないだろうし、同室のカメラのプロ、宮田さんも写真のアルバイトをやっている、と言っていたから問題ないだろう、という結論に至った。

上野から京成電車で千葉方面へ乗って二十分、堀切菖蒲園駅を降りて商店街を少し歩いた所にあるというその家に、兄と一緒に下見に出かけた。

その家は、葛飾区の区長だったおじいさんの家と聞いていたが、直ぐにわかった。下町の中、敷地を塀で囲んだ大きな屋敷である。

塾経営者・塾長は、祖父が区長時代に嫁いできた息子の嫁という四十代半ばに見える人だった。以前、教師だった経歴を活かして、塾を開いて数年になるという。私たちを笑顔で迎え、教室の部屋や廊下伝いの離れにある私の部屋となる所を案内してくれた。自分のふたりの小学生の子どもも塾で勉強しているという。

私の職場からここまで通勤時間は三十分、ここに住むとこれまでの板橋から東大までよりずっと時間短縮になる。

断る理由もみつからないので、引き受けることにした。

兄も自分の部屋を探し、私たちは同じ日に別々の新たな住まいに引っ越すことになった。弟がどこからか用意してきた車で私の引越し手伝いにやって来て、私がまだ何も準備をしていないのを見て、ひどく怒った。そしてさっさと私の荷物を車に詰め込み、私を乗せて新しい部屋に運んで納めてくれた。

それから兄を手伝いに行くと言って弟が去って行く時、追いすがりたいような寂しさに襲われた。生まれて初めての独り暮らしが始まるのである。

折しも長崎から、ボーイフレンドの彼が埼玉の親戚宅に来ていて、その家で会いたいと言ってきた。戸惑ったが、彼の今後の進路を聞く機会かもしれないと、出かけて行った。中学時代から知っている彼とは手紙だけのやりとりで、一年ぶりの再会だった。

彼の身辺に新たな進展を期待して会ったが、そのとき彼は私の問いに、長崎で学位をとるためまだ長崎を離れられない、と申し訳なさそうに話すだけだった。未だ卒業ではないのだ……。インターンとその後を東京周辺での生活かと期待していただけに、それを聴いてがっかりした。まだまだ先にならないと将来はみえないのだとも言った。あんなに書いておきながら……、いつまで待たせる気？ それともやめるの？ 私の表情はきっと変わったにちがいない。私にとって〝脱出〟してきた長崎は、遠い地、文化からも遥かな所と感じてきていた心情に追い打ちをかけるような曖昧な報告だった。

私はこの時、ボーイフレンドはあなただけじゃないし、もう待たない、このまま遠ざかっていってもいい、と思った。明日帰郷という彼に見送りの約束もせず、兄弟たちと引越し会をやるので、と言って早々に辞してきた。

未だ学校は春休み、当分、塾は始まらない。堀切の新たな住まいから出勤して四日目、身体の具合が悪くなって職場を早退してしまった。だが足は自然に引っ越した自分の所へ向かうのではなく、兄のアパートを探し当て、その日初めて訪ねて行った。別棟に家主らしき人が居て、妹だと言うと似ていると言って部屋の合鍵を渡してくれた。

こぢんまりした兄の部屋の見慣れた机や本の山を目にすると、何日振りかで張り詰めていた気分が解けてふっと力が抜けていくようだった。

四月の末だ寒い部屋で寒さに震えながらストーブに火をつけ、沸かした湯気にあたりながらドロップスをしゃぶる。見慣れた缶の中から薬を取り出して飲み、押入れから布団を出し横になると急に涙があふれ出た。

疲れ果てて、頭も割れそうに痛かった。

兄は、妹の私という重荷から解放されてやっと自由になったのだろうか。待てどもなかなか帰宅しない。九時過ぎにやっと帰ってきて、黙ったままなにも問わず驚いていたが暫くすると弟がやって来た。そういえば弟の家庭教師アルバイト先は常盤台の、この近くだった。そこへ兄の友人までもが何かの用で来て、直ぐ出て行った。どうしてこうも次々に人が来るの？　情けない姿を見られたくない私は布団の中で身じろぎひとつできず固まっていた。

兄の家で熟睡すると夕べの苦しみが去ってやっと朝がきた。この歳になってもまだ身内から離れるのは寂しかったが、気を奮い立たせ起きあがり兄の部屋を出た。

塾があるこの家での新たな暮らしにもだいぶ馴れて便利な通勤法も考えついた。

堀切菖蒲園駅から京成線の上野駅池之端口で降りて不忍池公園に向かう。公園の中の動物の鳴き声を聞き分け、池の茂みからさっと飛び立つ鳥の群を仰ぎ、鴨の群や日々変わり行く木々や草花の色を眺めながら七、八分歩いて横断すると勤務先の東大の敷地へ行き着く。東大敷地に入る前に少し上り坂があって、その辺を息きらして歩く頃、NHK朝ドラの〝おはなはん〟の歌が家々から流れてくる。八時半、番組が終わる前にタイムカードきっかりに出勤する。風雨の日は上野から東大行きのスクールバスが便利だった。

休みに、塾の子どもたちと弁当を持って潮干狩りに出かける。京成電車に乗って塾の子・美知代ちゃんは隣り合って座る友とじゃれ合う姿が、教室では見られないはしゃぎ様である。女の子たちは、それを見て吹き出し笑い、笑い出すと止まらず、わいわい言いながら西船橋まで行くと、遠く浜辺はキラキラと輝いて大勢の人々で賑わっていた。それはまた遠い日のふる里での磯遊びを思い出させた。

夜の教室の黒板に〝潮ひがり〟と書くと、江戸っ子のみんなは〝ひおしがり〟としか言えないのが可笑しくて、からかって何度も言わせる。長く教室を休む子どもを、勤務を早引けして家庭訪問にまで出かけた。

子どもたちと遊ぶ、これまで想像もしなかった穏やかなひとときだった。職場から真っ直ぐ帰り、塾で週の二、三日教え、お金を貯めて、新たなことに挑戦できるかもと、眠れぬ夜など、寂しさを紛らわすように様々な夢を描いた。

ローマ法王からのニュース

日曜日のミサの後〝かつらぎ会〟の会員はほとんど、かつらぎ会館へ寄る。そこで神父様たちや会員たちと顔を合わせ、会のスケジュールを確認し情報交換するのは楽しみのひとつでもあった。

その日は、みんなにとってビッグニュースがとびこんだ。

ローマ法王からの重大な知らせが、届いたようだ。一体なんだろう。みんなは詳細を知るために師の部屋に押しかけた。皆が揃うと師は幾分顔を上気させて話し出した。

カトリックでは幼児洗礼が一般的である。昔、出生日が不明な場合、そうした教会の洗礼の日付で判明するのに役立った。しかしイグナチオ教会の〝かつらぎ会〟会員のように学生時代に、つまり自身の意思で受洗した多勢の若者の例は世界的にも稀なことであるという。時のローマ法王・パウロ六世は、私たちのこうしたケースを聞き知って、そういう日本の若者たちに逢いたい、というお言葉が送られてきたというのである。

法王さまのお言葉を受けて、エルリンハーゲン師は、自分の公教要理を受講して、「自身の意志で信者になった周囲の若者を」引率してバチカンで法王謁見をさせたい。そして自分もこの機会に、祖国ドイツを訪問する予定だという旨を発表した。

さらに、カトリックが各分野にどのように活かされているか、同行の若者はそれぞれの分野で各自フィールドワークする。旅は三カ月間の渡航で欧州のみならず、その往路復路のアジア、アフリカ諸国に立ち寄り、若い世代と交流させる予定だとも言われた。当時、世界を二分する冷戦時代、米ソ代理戦争〃の最中の、ベトナム(サイゴン)にも上陸する予定だという。長期滞在先のドイツ・ベルリンには東西に分断する壁が構築されていた。

私はこの報せを知って、旅に絶対に参加したいと強い決意を抱き躊躇することもなくエルリンハーゲン師に参加を申し出た。

オリンピックで観た、先進国はどんな国なのだろう。私は、自分が信者であることを、何らか確かめたい。カトリック総本山バチカンとはどんなところか、教皇様に会える！ベルリンの壁って……、サイゴンの若者は何を考えて暮らしているのだろうなどと私の好奇心は尽きない。それは渇望に近い。この一年というもの外国への夢にうなされるほど飢えていた私だ。今この機会を逃しては二度とこんな機会は訪れないだろう。そしてこれはまさに私の少女時代から漠然と抱いていた夢の実現そのものでもあり、今の身辺の閉塞感をこの旅を機会に何としても打破したい。

旅の一員に選ばれたい、みんなと一緒に行きたい一心だった。

しかし私は、国家公務員になって未だ二年目。三カ月間も休暇をとるなど、どうしてできよう。そんなことをすれば退職になってしまう。渡航参加希望者の中に東大の二十代の医師が一人いたが彼は大学の無給の研修医だったから自由の身だった。私の場合、業務と直接関係ない個人的事情としか認められないのではないか。

それではどうしようと考えた。現職を維持し、旅行に参加するという二つを両立させるために、職場から「研修許可」を得ればよいのだ。そのための方法を調べた結果、まず各訪問先の研修したい施設からのインビテーション（研修招待・滞在許可）を取り寄せることだ。旅で訪れる主な国、西ドイツ、フランス、英国の大学病院や研究所へ研修・見学の許可を貰うために申請書を送ろう。受け入れ先の情報や書類の書き方については、職場の上司や元の医局の先生方の紹介やアドバイスを参考にとりかかった。

欧州での会議から帰国したばかりの、元の研究室長、東先生は、

「レントゲンで有名な、西ドイツのヴュルツブルグ大学は、シーボルトが出た所で君の出身地、長崎と縁がある大学だよ。行くならあそこを選んだ方が良いだろう。今、あそこへM君やF田君が行っているから連絡しておこう」と、ヴュルツブルグの情報や、イタリア、更に英国王立病院の申請先も教えてくれた。

まず、見学したい施設や病院から招待状や許可を貰うために、

「私は、この様な業務をやっているが、そちらではどうであるか見学や研修をさせていただきたい」などと申請書を英語で書いて送った。

間もなく送付先の全てから、英文の研修認可の返事を受け取った。それを日本語に訳して担当事務係へ提出して次の指示を待った。提出した研修受入許可は、更に上部へ渡って、こんどは別に職場宛の海外研修派遣に必要な書類を出すよう言われた。

ようやく全部が揃って、いよいよ海外研修辞令をもらうために東大職員事務所に持って行く。事務所は、医学部側から、なだらかな坂を昇った安田講堂の下、一階にあった。

そこへ分厚く嵩んだ様々な書類を携え担当職員に説明して渡した。

　しかしそのような特別な申請のために協力や援助を受けた、と言って同僚や他の部署からも、異例の待遇だ、前例がないなどと、私に対する批判めいた意見が持ち上がった。

「誰かが後押ししているのではないか、それはなぜ？」などと囁かれる。そんな時、突然に事務かたの部長から、係長と一緒に来るようにと呼び出された。係長は、指定された日時に出張中で不在だった。

　複雑な組織図がさっぱり理解できない。まだ何が必要というのだろうか、なにか目の前に組織の大きな壁が次々に立ちはだかり、行く手を阻まれるように感じられ、たじろいだが私は独りで行くことにした。

　ノックしてはいって行くと、部屋には大きな机と応接テーブルがある一個の主の部屋という仕様だった。勤務時間中にもかかわらずその部長は、囲碁の本を片手にテーブルの碁盤とにらめっこしていたが、じろりとこちらを見てなにやら話した後、二十分も待たされた。それから事務的な事を図示してまわりくどく説明される。仕事場を、頼んで抜けてきているのでイライラするが、じっと堪えて聴いた。

「ではどうすればよろしいのでしょうか？」と聞くと、

「自分が交通公社の人と会ってみて何とか手をうとう。問題はライセンスのことだけだから、それを作り替える」と言われた。そんなことができるのだろうか。

「要するに勤めを休みにしないで行って来たいわけでしょう。出来ないことは考えないことにしましょう。なんとか出来るようにもっていきましょうよ」と言われ、ほっとしながらも、納得いかぬまま退出して来た。そんなことができるのだろうか。

指示される全ての書類が整っている段階になって、合法的に認められればよいと思うのだが、作り変えるなど自分の尽力なしに渡航は不可能だとでも言いたげな言動……無力な私は弄ばれているようで憤りを覚えた。

私には無理だったのなら、それを告げればよいのに。そんなにしてまでも、お前はこの方法で行きたいのか、と心の声がする。しかしここまできて諦めたくない。この一瞬に目をつぶって耐え進もう、その先に何かが見つかるはずだ。いや、これまで力を貸してくれた人たちにも、中断してしまいたくない、そう自分を奮い立たせた。

それらすべてに耳を貸し一喜一憂する時間の余裕はもはやない。そんな時にこんどは、中央検査・中央診療部長室に呼ばれた。

「いろいろ言う人もいるようだが、折角の良い機会なので、広い世界をしっかり見てくるように。必ず何らかの形でプラスに働くだろうから。必要なことがあったら南さんに言うように」と、秘書の南さんを指して励ましの言葉をいただいた。南さんも感じ良い笑顔を投げかけ頷いてくれた。

誰であろうとチャンスを活かして、挑戦して見聞を広めてよいではないか。そう思ったが受け容れ難いのか、職場の雰囲気は決してあまくはなく、嫉妬や猜疑心がもやもやと燻っているかのようだった。

確かに私は、まだ新入社員にはちがいないのだから文句が出るのだろうか。私は帰国して元の職場に復帰する以外に、海外研修をうたってキャリアに加味した昇進など一切期待していなかったにも拘らず、そのことが、周り、特に同僚や先輩たちには最も警戒し懸念されることでもあるらしかった。

そんな或る日、中央検査・中央診療部の二十名ほどが部長のお宅にご招待だという。例年あまり行われていないが懇親会という。

日頃から部下たちに名実ともに信頼されていたその部長は一七八センチの長身で、元、男爵という人物だ。顎が無いような風貌だったことから、みんなは〝顎なし男爵〟と親愛を込めて呼んでいた。

その日、世田谷区弦巻町にある広大なお屋敷で会食後、庭に二面の卓球台を並べ遅くまで興じた。この時の部長の計らいは、すべてを円滑にする効果をもたらし、私の渡航もその後、支障なく実現しそうになってきた。

パスポートの申請へ都庁の第二庁舎の一階に行くと、大勢の人が申請に来ている。本人が出かけるのだが、こうした人々は皆、外国へ行くのだろうか。でもなんと多い、まだまだ海外渡航するのはほとんどが男性だった。

【注1】「ナホトカ経由で下関到着。一九四五年八月に広島市郊外の長束修練院で被爆し原爆を目撃された。（中略）被目撃者の体験記としては、最も早い時期に書かれた。Arrives in Shimonoseki, Japan, on Feb 18, 1937, 13 days after leaving Berlin.」

【注2】「（1992・追悼文編集会）『葛城山に峯入りをして』ヘルムート・エルリンハーゲン師遺稿追悼集」師の急逝後関東に住む有志によって出版された。

三、飛躍・旅立ち

海外派遣を手に

引っ越した葛飾区堀切は、都内ではあるが荒川を越えた〝川向こう〟で都心から離れていることを実感させられた。

昭和四十年（一九六五）四月の〝春闘〟で、私鉄総連・百八十の労組が一斉に史上最大規模というストを決行した。通勤に使う京成電鉄も全て不通で、交渉は終日解決しない。帰りも、国鉄だけを頼りに職場の東大から上野駅まで歩いて、列に並んで常磐線に乗り綾瀬駅で下車、千葉方面へ向かって延々と歩く。通りすがりの車から誰かが首を出して私の行き先を聞いて乗せてくれたが、歩くよりも遅い。

〝川向こう〟とは、荒川で都心と郊外を隔てた遠く侘びしいことを意味しているような響きが、ひたすら、「結果」を待つ私の身を鬱陶しくさせた。

そんな年度替わりの官公庁が多忙な時期が一段落した頃、海外研修派遣の申請書類を提出していた部署から呼び出しがあった。今度こそ何らかの結論が、と緊張を抑えきれぬ気持ちで駆けつけると、一通の封書を手渡された。その場で封筒をそーっと開くと、まず、六月十九日から三カ月間の海外出張通知書の書類が見えた。東大総長からの辞令だ。そして、

愛知揆一・文部大臣宛の出発届用紙と、もう一枚は「海外渡航のための外国へ向けた支払い許可申請書」で、大河内一男・東京大学総長から、大蔵大臣宛と書かれた書類、つまり文部省から大蔵省に送られた私に関する書類だった。三枚の紙片にすぎないが、私にとって待望の最終決定の辞令という文字を目にして、その意味することの重みを感じ、それまでの複雑な準備の労苦も消えて達成感がこみ上げてきた。

そこで説明されたことは、研修出張中の三カ月間の給料は全額支給されるが、私の出張中の臨時職員人件費に、その給料のいくらかを当てるということ、文部大臣宛の出発届を提出すること、の二つであった。

私は海外研修派遣で欠勤にならずに行ける、これで充分だった。さあ、これから勤務先の研修辞令を受けての海外渡航なのだから、その準備もしなければならない。

参加者は総勢三十五人と決まった。

男子が幾分多く、最年長が三十二歳の高校の男性教師、聖心女子大在学中の十九歳がいちばん若い。その半数が上智大の大学生か上智卒業の社会人で、参議院委員部勤務の男性は唯一の既婚者で半年前に父親となった。私の短大の同窓生も二人居た。

写真担当はプロで、日本舞踊西崎流の名取りと結婚したばかりのカップルでの参加だった。だがキャビンは全て四人部屋だから新婚とはいえ彼らは別々となる。

バラエティに富んだ構成の中から団長には熱心な信者の上智大学の学生と、女性担当として女性も選んだ。

団体行動で、横浜で乗船した後、ソ連のナホトカ着、飛行機、列車、バスを乗り継いでローマに入る。ローマでは法王謁見のあと、イタリア全土の巡礼地を回ってドイツ入りする。ドイツでの一カ月余りの滞在費用はドイツ政府の青少年省が負担し、四カ所の都市でのホームステイはカトリックの家庭が提供してくれる。

帰途、再び船の生活となる。全行程中、個別の目的の行動費用は別に、移動費用も含めたこの三カ月間の渡航費として、各自二千ドルを納めなければならない。二千ドルは国外への日本円持出し限度額で、一ドル三百六十円だったから、当時の金額で七十二万円になる。その他のポケットマネーは十万円までとは、私の生活費の数カ月分にも相当した。

海外渡航が自由になったばかりのこの年、初めてＪＡＬパックが発売された。それによると欧州十六日間コースが、当時の金額で六十七万五千円、現在の七百万円に相当する。これは、莫大な費用に加えてアンカレッジ周りで時間がかかるので、まだ船での渡欧が一般的だった。

早速私は、故郷の母に事情を詳しく書いて渡航資金の援助を頼んだ。

「このお金が結婚のためだったら喜んでプレゼントするのに……」と義姉は結婚しそうにもない私への餞別を出してくれたという。私は二十五歳になろうとしていた。

三カ月間分の荷物を詰めていくスーツケース、おそらく二度と使う機会もないだろうから買うのは勿体ない。事情を聞いた台湾留学生が自分のサムソナイトのスーツケースを使って、という。ここ一、二年は必要もないし大きくて邪魔だし、と言ってくれた。レンタル店が当時あったかどうか。

カメラはニコンの上質な物があると、これも友人が持ってきてくれた。

何人か一緒に交流する仲間の中、たまに二人だけで逢う彼は、まるで自分が行くかのように私の旅のコースを辿り撮影のベストスポットを調べてリストを作って、「これで撮ってきて」と、立派なカメラを渡してくれた。そしてニコンの一眼レフでの巧い撮り方を教えると言って、レンズの絞り方やアングル、背景の入れ方などを一緒に歩きながら、彼が選んだベストスポットに似た風景の、ヨーロッパの湖らしく見える池や石塀を見つけてはそれをバックに私を撮りながら、

「俺も一緒に行きたかったなあ」とつぶやいた。

そう言われると、大学院生の彼だったら私よりも自分の目標を明確に捉え、宝を得てくるのだろうなあ、と思わずにはいられない。何と答えるべきか、

「そのうちに行けるわよ」と言うほかなかった。

「レンズをしっかり見て！　笑って」と、彼はカメラを私に向けながら大声で言う。懸命なその姿が可笑しくて、「でも撮るのは私だけど」と言ってしまう。

「わかってるよ！　君が撮られる場合のことさ……」。そうして試しに撮ったフイルムは本体から外して焼付けしてくるからとポケットに入れた。

「去年、フジカラーはデュッセルドルフに空輸サービスを設置したそうだよ。撮ったフイルムを、そこに入れると現像した写真が日本に空輸で届くシステムだって。留守宅にも、だよ、凄いよなあー」

「よく知ってるんですね……」

「当たり前でしょう。大きな旅をするんだからそれくらい調べて行くものだよ」

ほんとにそうだ。熱っぽく語る彼に応えられる良い写真を撮ってくるぞと、気合いがはいった。

私も写真撮影が大好きだ。このほかに小型のカメラと富士フイルムを何本も用意した。二十四枚撮りフイルム一本で千三百五十円と記している。

出発を前に、コレラ、チフスなど数々の予防注射は二週間前までが接種期限で、地中海、南シナ海沿岸地帯でも現地の若者と交流予定だから、そんな国に対応した注射をする。公務員の辞令での渡航は観光より制約が多く、私は全て単独で手続きをやらねばならなかった。日本銀行へ円の持出し申請に行くと、窓口の職員が、

「なるべく円を持ち出さぬように」と係は無愛想な表情で告げた。影響を及ぼす程の金額とは如何ほどのことだろう……。

準備に忙しい合間に、訪問する国々の大使館主催で、広報官によるその国のＰＲや案内がビデオで行われ渡航した時の注意事項を聴く。様々な打ち合わせ、ドイツ語会話セミナー、コーラスの練習など多忙を極め、日光かつらぎ館セミナーハウスでの合宿もあったが、勤務がある私や何名かは、全てには参加できない。今後の旅に長期の休みを控えている者にとって職場から今、時間をもらうことは憚られた。

渡航には女性は全員、訪問着か振り袖を持参して正式な会合でフォーマルウエアとして着用することになる。突然の場合に備え、全員が独力で素早く着物を着ることができるよう、一行の中の踊りの名取りである彼女の指導で着付けのレッスンが開かれた。加えて男女一緒に踊る盆踊り「東京五輪音頭」などの練習もやる。オリンピックの頃「オリンピックの顔とカオ〜」と何処でも唄って踊られていたものである。このため、男性もスーツのほかに揃いの浴衣一式、雪駄まで用意する。武田節を披露するため、刀もどきやその装束を持参する男性、ギターを持参する名手も居た。

各ホストファミリーへ、日本からのプレゼントなど先方の家族を想像して準備した。日本の文字が染められた手ぬぐいや縮緬の風呂敷は軽くて適当だし、千代紙も、折鶴や手毬を教えながら折るのも交流に役立つと思って加える。数人の女性は茶道具を持参して機会をみて、お点前を披露する予定だという。私は書道具一式も入れた。

出発四日前の十五日、ドイツ大使館によるヨーロッパ旅行レセプションが東京芝の光輪閣で開催されて、招待されたみんなの旅の夢はいやがうえにも盛り上がった。

バイカル号

一九六五年六月十九日、いよいよ私たちの船は横浜港からナホトカへ向かって出港する。四年前に横浜とナホトカ間に開通された定期航路を、ソ連船籍の客船〝バイカル号〟という船で旅のスタートだ。出国審査は前日に税関へ大型ケース等持って行って済ませていたので簡単に済んで船上の人となる。

桟橋は出港に向けて大勢の見送り人で溢れかえっている。知人友人、かつらぎ会の関係者が集まる中には私の兄や弟も来ているはずだ。スーツケースを貸してくれた友だちなどもどこかにいるのだろうか。

見送る群衆の中には「ドーバー海峡遠泳隊壮行式」と書いた横断幕を広げて気勢をあげる学生服集団が見えた。大学の水泳部か、どこかで下船してフランスから英国へ英仏海峡の遠泳に挑戦するのだろうか。

出港を待ちかねたように、船のデッキから投げられる五色のテープが飛び交って別れを惜しみ棚引いて舞う。

バイカル号、私にはその船が、青春の希望の船に感じられた。私は旅発つ、夢に見た外国へ、抑えきれないほどの胸の高鳴りで、はち切れそう。この思い、きっと誰よりも私が一番強い筈だ、そう信じた。

ああ、あそこに！　船上デッキから、桟橋の雑沓の中程に、兄と弟の姿をはっきりと認めることができた。読書会の友人も数人見えた。背が高い弟が五色のテープを何度もこちらへ向かって投げるのだが、なかなかうまく届かない。私はしきりに手を振って合図したが通じただろうか……。

「ご免ね、私だけ行って……」心の中で申し訳ない気持ちで胸がいっぱいになった。

みんな私の旅に協力してくれたね。これまで私は自分本位にやってきて、どれほど兄弟にも迷惑かけてきたことか。そんな様々な気持ちがよぎっていたのだった。

十二時定刻に汽笛のドラの音が鳴ると港いっぱいに〝蛍の光〟の曲が流れ広がり、船は滑るように静かに桟橋を離れた。

ふと、色褪せた波止場の古い写真の情景が頭をよぎった。それは父の部屋で見た、外国へ船で向かおうとする時の私の知らない若い頃の父の姿、その表情はこれも父かと戸惑うほどの、いつもと違う活き活きとした表情だった。巣箱から放たれた鳥がどこか彼方の自由な地へまっしぐらに飛び発つように、なんとも言えない方角をみている。仕事で上海や大連へ出かけていた頃の写真だろうか。そんな父の心情が今の自分にぴったり重なる。戦中戦後の厳しい時代を、父も父なりに狭い環境で不本意な生活を強いられていたのだろうか。父を身近に感じ感慨に浸る。

我に返ると、港も群衆もどんどん遠く小さくなっていく。きらきらと波が船の後に尾を引いて、次第に細くなってちぎれ、追いすがるかのような鷗もろとも遠くにかすんで消えていった。

キャビンは二段ベッドがふたつの四人部屋。私と一つとふたつ歳下の三人との仲良し四人組だ。みんなスーツケースは開かずベッドの下や壁際に置いて、さあこれから何をすべきかと、これまでの慌しかった時を振り返り、脱力感に互いを見つめ合う。

全体の団長、村上君が早速、各部屋を確認して見廻っている。落ち着くと全てが珍しくじっとしているには気分が高揚してきた。

何時間経っただろうか、そろそろ夕食に行く時刻だった、「あ、陸だ！」「陸が見えるってよ！」誰かが叫ぶ声が聞こえる。

そんな馬鹿な……、われ先に看板に走り上がって眺めると確かに遠くに陸らしいものが見える。それは三陸沖、津軽海峡を通過する時の、まだまだ日本の海域にほかならなかった。ナホトカは隣国であるにもかかわらず、これからいかに長い時間をかけて行く旅かを暗示させられた。全てが初めてのことずくめで、若い私たちは船の時間を、いつも笑い走りベッドでは熟睡した。

赤い土とシベリア鉄道

横浜を出てから二泊三日、バイカル号は千七百キロメートルあまりの航海を終えて、シベリアの玄関ナホトカの港に接岸した。

ゴロゴロと荷物を引いて出ると、税関の入国審査には、六人もの女性職員が迷彩色に似た制服で職務しているのに驚いた。硬い無口な表情の人たち、髭が見える口元、私たちは想像を裏切らないその姿に、不謹慎にも腕つつき合って笑いをこらえた。日本ではまだ対外的な力仕事を要する職場に、女性を見かけることはない時代で、さすがにここは共産圏だ。

審査がすむと、荷物をバスに移動させてナホトカの日本人墓地へ向かった。第二次世界大戦中の旧日本軍人捕虜が埋葬された跡地に作られているという。説明版に「ナホトカ市内及び郊外にあった収容所で亡くなった関東軍の将校、下士官、兵卒など五一六人の亡骸が葬られている」と書かれていた。

広大な整備された敷地に、白木の墓碑が延々と視界の果てまで並んだ、初めて見る墓地の光景だった。

「こうして異国ソヴィエトで記憶され守られているのですよ」と、エル様が私たちのソ連への印象を和らげ、諭すように説明された。皆は頷きながら日本人墓地をあとにして、ナホトカ銀座を見物することになった。そこは銀座といっても、何かしら薄汚れたショーケースらしき中には、数種の缶詰しか見受けられない。至るところに〝英雄〟〝労働〟の文字や元首の肖像画がみられる。

ひと通りの見物が終わり、ナホトカ駅からハバロフスク行きの寝台急行ボストーク号

ナホトカ日本人墓地、1965年

に乗った。

この先、狭い二段ベッドで一泊二十二時間の列車の旅となる。

頑丈な列車の行く手には果てしない森が続く。車内に流れる曲は映画の軍隊の行軍の時に流れるような行進曲ばかりで、徹底した国の姿勢を感じさせる。白夜のため外は夜十時まで明るく、やがて四時には夜が明ける。目覚めると、まだ乗った時と、どこまでも変わらない景色が続いていた。それがシベリア鉄道であることに納得する。

ようやくハバロフスクに着くと、再びバスに乗ってレーニン通りや、公園を通り広大なアムール河に水遊びする人々を窓から遠く見て走る。白夜に近いこの地の、ほんの束の間の暖かい今だけの季節、水に親しむのだそうだ。

誰からともなく〝アムールのナアーガレー……〟と、練習してきたワルツのリズムの歌声が流れ、合唱になった。

飛行場へ着くと早速、モスクワ行きのＳＵ‐16型機というプロペラ機に乗り移る。ここハバロフスク空港から六千四百キロ、時速八百キロ、未だシベリアの上空を飛んでようやく八時間後、なおもソ連の黒い森・赤い土の大地、モスクワへ到着した。

空港には、星、ハンマー、鎌のマークのこの国の旗がはためいて、ソヴィエトを実感させた。そこからバスに乗りようやく今夜の宿舎〝ヤロスラスカヤ〟に到着した。日本を出て初めての外国のホテルだったが、どこも電灯が暗く、ボルシチは酸っぱいが美味しかったことだけは記憶にある。

翌日は、赤の広場からクレムリン宮殿、最高裁判所、ボリショイ劇場、ゴーリキー広場などを日本語の流暢なエレーナさんという美しいスラヴ系特有の透き通るような肌をしたガイドさんの案内で回った。束ねた薄茶色の髪が彼女の顔を一層引き立て、これまで見かけたソ連の女性とは異なる印象である。

「エレーナという名前はソ連には非常に多いのです」と言いながら足早な彼女に従い、レーニン丘に立つモスクワ大学へと急ぐ。

兵士たちと、著者中央左、頭に白いものを巻いている

そこに参加者の同窓生という、モスクワ大学留学中の安井さんという女性が出迎えてくれた。キャンパス内を案内してくれるという安井さんは、一九五九年まで東京都知事を三期務めた初代都知事、安井誠一郎の娘だ。

彼女についてエレベーターで最上階まで行く。三十二階の屋上から更に大学の最も高い塔へ昇り、広いキャンパスとその向こうに広がる共産圏の広い街並みを見下ろす。広大な整然とした街並みが日本には見られない眺望だった。

次の日の日曜日、ミサのために私たちは市内のアパートの六階に、ようやく、外交官のためにあるという祈りの場所、チャペルを探し出した。

チャペルとは名ばかりの狭いその部屋で、フランス系カナダ人神父からミサにあずかることができた。

この小さなチャペルで、共産国ロシアで消えかかっているカトリックの灯をもやし続けていらっしゃる。別れ際の神父の目に光った涙を忘れることができない。細い身体に着けた服も古びて見えた。何を言いたかったのだろうか、どうか神父様、めげないでいてください。振り返りながら私は心の中でそう祈った。

街へ出ると大きな街路樹がどこまでも続いていた。その名、菩提樹〝しなの木〟から白っぽい種子がそこら中にタンポポの毛が飛ぶように舞い上がり、視界を遮ってしまう。

バスの乗り場に集まった私たちに、さり気なく若い兵士たちが近寄ってきた。一瞬私たちに緊張が走った。すると彼らはその握りしめていた手をそっと開き、ソヴィエトのコペーカ硬貨を見せながら、おずおずと煙草・ガム・ラジオなどと交換してくれという。仕草でそのことが判るのだが、誰もそのような物は今、持っていないことをジェスチャーで示すと遠ざかって行った。

夕方、モスクワ駅から〝ショパン号〟という、いかにも音楽の都らしいロマンチックな名のウィーン行き寝台列車に乗った。

寝台列車ショパン号

モスクワを発つ時は夕食後だったのに、ロシア国境を通過してもまだ十五時。時間を逆走しているのだろう。すぐに制服姿の官員が出国チェックにやってきた。

やがて寝台にあがって眠っていると、今度はポーランド入国検査のために起こされてベッドから降りる。間もなく進むとまた出国検査と国を越える度に審査がある。

ソ連のミンスク駅ではホームに一時間以上も停車して背延びや深呼吸をしながら他の車両の人たちと話す姿が多かった。ミンスクは、ベラルーシ共和国の首都で、ウクライナと共にソ連解体後の一九九一年に独立する国である。

まだ明るいうちに下車したポーランドでは、殺伐とした、いまだ戦後の雰囲気が漂う街を、現地の神父の案内で歩く。

人影はまばらで、画家の父親とその子だろうか、描いたキャンバスをふたりが並んで運ぶ後ろ姿が煤けた石造りの建物の間に遠ざかって行く。時が止まったようなその光景が、大好きなユトリロの「コタンの袋小路」を彷彿とさせる。私は瞬時にニコンに手をのばした。

モスクワから乗ったショパン号がウィーンに着いたのは朝の八時、降り立つと澄んだ空気の薄寒い気温に身震いする。改札口もない広々とした中央駅を出て、ミニバスで今日の宿へ向かう。

ハウス・ノイヴァルデック（旧侯爵居城跡）という古いお城の宿に荷を降ろし、その日一日、ゆったりと周辺の市街を散歩しながら、想い描いていたヨーロッパでの第一歩を感じることができた。

翌朝からは過密なスケジュールが待っていた。

まず枢機卿と会見したあと、オーストリア国会議事堂で衆議院副議長に会見という。僅かな時間で和装に着替えての出席になった。

七月、昼さがりのウィーンの街、石畳に照りつける陽ざしに目を細めながら正装で列をなして歩いて行く私たちを、行き交う人々は物珍しげに立ち止まって眺めて行く。

広大な議事堂の大広間の議長や議会員の前で、一通りのセレモニーの後、西崎流の溝江さんを中心に二名の女性が日本舞踊を披露した。芸大声学科の学生、花田さんが日本

オーストリア国民党総裁兼副大統領と議会広間で

の歌を独唱、上智大ドイツ文学科の貴子さんは意味を議長の隣に立って通訳した。

何の特技能力も無い私は、ただただ全員の歌に唱和するだけだ。

オーストリア大使館では、レセプションのあとテレビニュースのために私たち一行の取材撮影があった。続いてカトリック、アジア・アフリカ協会からの招待、カトリック青年会からはパーティ、招待と深夜まで、まるで映画スターになったような目まぐるしいスケジュールが続く一日だった。

翌日、シェーンブルン宮殿など、ハプスブルク家ゆかりのウィーンの名所を観光の後ウィーンを離れ、三十八も教会が点在するザルツブルクに一泊して、ミラベル宮でモーツァルトの演奏に感動した。会見したザルツブルクの市長は、

「あと二週間後、七月半ばに訪れたらザルツブルク音楽祭に出逢えますよ」と言われ、特に芸大音楽科の学生、花田さんは悔しがっていた。

いよいよ翌日から、ベンツの大型バスを、ドイツ人運転手ブルーノさんつきでチャーターして、アルプス山脈越えをする。ブルーノさんは我々ヨーロッパ全行程の前半分の運転を受け持ってくれる。

早朝のザルツブルクを出発、バスの窓に広がる山々の景色は進むにつれて美しい姿を繰り広げる。寄り道の店でアルプスの景色の絵葉書を買って日本への便りを書いた。スイスからの航空郵便は八〇サンチーム、父母へ、兄へ、職場へ、そして長崎の友にも。国を越える度にお金の交換に悩まされる。馴れぬ内に次の国へ入って様々な国の小銭が沢山たまった。

アルプスのチロル地方を、修道院や古城に泊まり立ちよりながらシンプロン峠を越えて、中央ヨーロッパを南下していく。真夏の季節に、ここは積雪の頂上、薄着の私たちは震えながらもバスを降りては壮大なパノラマに何度歓声をあげたことだろう。

美しいバロック様式の大聖堂の隣の修道院に宿泊したとき、修道院のもつ質素なイメージは一新された。その後の宿泊するどの修院も何と清潔でつつましくも美しい環境だ

八世紀の宿舎、ゴンドラが行き交う運河に面している

ったことか。ベッドの真っ白な皺ひとつなくピーンと張ったシーツ、夏とはいえ夜は冷え込むので羽毛布団はありがたかった。修道院の行き届いた管理、中庭を囲んだクロイスター（回廊）の植え込みの美しさ、そんな中につつましく置かれた聖女や天使の像は此処に在ってこそ、とその意味と相応しさに感嘆の連続だ。

ヴェニスのゴンドラが行き交う運河沿いの八世紀に建てられた古い宿舎は、昔のままにエレベーター設備はないので不便極まりない。螺旋階段は狭く急勾配だった。喘ぎながら昇ってくる仲間の声が筒抜けに上まで届く。外観は頑丈に見えるが内部の設備は粗末で洗面台を壊してしまった。

ヴェニスをあとにサンマリノから夕刻、中世の街アッシジへ着いた。十二世紀の聖フランチェスコ生誕の地である。

中世の石造りの街並みに、折しも斜陽がバジリカのジョットーの壁画とサンタ・クララの修道院を浮かび上がらせた。その真っ赤な夕陽の鮮烈な色は今も目に焼き付いている。

湿度高く、暑いローマに入ったのは、七月三日だった。

ローマ法王に謁見

歴史の都、カトリックの中心地ローマにやってきた。

いよいよ渡航のハイライト、ローマ法王謁見の日である。

謁見は正午に、という約束のため女性はみんな振り袖や訪問着に着替え、男性も正装して緊張しながらその時がくるのを待った。日本の夏以上に湿度が高いこの時期のローマで和装になるのは忍耐を要したが、皆、無口で厳粛な表情をしている。

やがて、案内人に導かれてバチカン宮殿内の緩やかな階段を昇って行く。辿り着いた所に教皇〝謁見の間〟があった。

私たちは、例外的な私的な謁見ということで、他の団体との謁見は一切なく単独でのことだった。先に入室して待機する私たちの前に、教皇様がさり気なく現れて、正面にある三段高い所の大理石の椅子に座られた。両側には枢機卿か司教か、高い位と思われるような方が厳めしい表情で随《したが》っている。純白の装いに秀でた前額、大きな鋭い眼光、優しげな口元、写真やテレビで知るあのパウロ六世教皇様だ。私たちカトリック信者にとって、まともに視線を注ぐには恐れ多い存在の方である。

やおら見回されたあと、教皇が下されたおことばに対してエルリンハーゲン神父さまが答えるという問答があった。暫くしたそのあと、教皇の御前に進み、私たち全員一人ひとりにメダイ（メダル）が直に授与された。渡される時、教皇の御手に接吻を許されたがその瞬間を撮影された数人は幸運としかいいようがない。

全員への祝福がすむと教皇を中心に、教皇専属カメラマンによって集合写真撮影があった。写真は帰国してから受け取ることになっていた。私たち一行にはプロのカメラマンが居たが、一切こちら側の撮影行為は許されなかった。

最後に再び教皇からのメッセージがあったが、それは、

「ここは独り居るには広すぎるところです。みんなここを自分の家と思ってまた訪れて

くるように」という、おことばだったそうである。

僅かな時間であったが、緊張した誇らしいひとときだった。この、謁見という選ばれた幸せをいつか何かの形で報い得る自分になることができるだろうか、そしてこの感動を持ち続けていたいと誓うのだった。

法王庁・私的特別謁見室を退出して聖ペトロ大聖堂広場に降り立つと、大勢の人々で広場は埋め尽くされ、教皇が窓辺に現れて、祝福のお言葉を下されるのを待ちわびている。私たちも、再びその中に入って見上げていると、白い長い垂れ幕の下がる窓辺に、やがて教皇様が姿を現して群衆に向かい祝福のサインを送られた。あの奥の間の一室で、つい今しがた教皇様に謁見した感激の瞬間が改めて蘇ってくる。

その日の地元新聞には、「教皇に謁見する日本からの若者たち」と、写真入りで掲載された。日本の新聞にも報道されたという。

再びバスは聖地を巡って進んで行く。みんなは快い疲れと充実感に満たされて、特に旅の大きな荷をひとつ降ろしたと思われるエルリンハーゲン師は前方の席でその巨体をバスの揺れに身を任せ、居眠りしはじめた。

芸術の都フィレンツェでの数々のイコン（宗教画）や、ミケランジェロ、フラ・アンジェリコの「受胎告知」など、全てがキリスト教に基づいていることをあらためて認識し、訪れる先々でその地の神父様の案内と解説があって、深く理解することができた。またイエズス会総本部長のペトロ・アルベ神父様は若者との対談では長年日本在任だった神父様の流暢な日本語に大変助かった。欧州の隅々までも、カトリックという信仰によって遠く日本との繋がりを実感する出逢いが続いた。

そこから太陽の道というハイウエーを通ってミラノへ。ミラノのサンタマリア教会の戦争で破壊された建物の中から、奇跡的に助かった宝、レオナルド・ダ・ヴィンチの「最後の晩餐」に出逢った。「最後の晩餐」の絵を目にしたとき、奇跡に感じられた。

バスは第二の主な目的地であるドイツへ向かうため、再びスイスを経由していく。熱波のイタリアから、ここは雪が舞い散る世界で急激な変化に戸惑う。

谷間のザンクトガレンから一直線の道を進み、ローヌ川と平行に流れるレマン湖付近の中世紀の面影を残した教会に、ライナー・マリア・リルケ（一八七五〜一九二六）の墓があると聞いた。バスはその村の近くまで入って停まり、更に坂道を歩いて石碑を見に行く。

在った、ドイツ語で刻まれたリルケの詩の墓石が。

薔薇よ　ああ　清らかな矛盾　よろこびよ
このようにおびただしい瞼の奥に　なにびとの
眠りでもないという
（藤川敏郎訳）

案内のインモース教授が、今まで誰にも判らなかったこの詩が俳句だったと気がついたという。リルケは晩年に俳句を詠んでいた事実があるそうだ。

サンモリッツ修道院を見て、山頂はドイツ語使用で麓はフランス語圏というケールネン湖付近のバロック調の教会でエルリンハーゲン神父からミサを授かる。

その夜、雪の世界にポツンと取り残されたようなギスビルのユースホステルではドイツから来た女学生旅行団と一緒になって交流した。花嫁学校といったがその声の大きさ体格の頑丈さに圧倒されてしまう。

珠玉のような巡礼地を辿り、キリスト教の足跡を確かめながら、小さなカトリックの国、リヒテンシュタイン公国にはいった。美しい山の頂きへ登って行くと、折しも村人に囲まれての結婚式に出遭う。花嫁の純白のウェディングドレス姿が、背景の古城や山々の緑、遠い雪山に映えて、私たちの羨望の眼差しを集める。みんなはバスを降りて結婚式の様子を撮り切手を買った。公国の国王夫妻の写真入り切手は種類も豊富で国家財源として大きな役割を果たしているという。

バスの中ではいつも練習してきた歌を合唱してオルゴールバスと名づけた。歌の本はあるが、みんな本なしに歌えた。

やーまの　人気もーの　それはミルク屋―
あーさから　晩まーで　……

運転手さんも知っている曲が聞こえてくると、ビア樽のような巨体を揺らしリズムをとりながら皆に合わせて唄う。フロントガラスに写る目でウィンクをおくりながら……。

インスブルックから国境の地、ガルミッシュ・パルテンキルヘンを経て途中で買ったチョコレートは口に入れるとスーッと溶けてしまう。

サンモリッツから二十分走った標高千九百メートルの、シルヴァプラナ湖とシルス湖の中洲に静かな集落がある。チョコレート発祥の地といわれるシルスマリアだ。

美しい忘れられない響きの地名〝シルス・マリア〟、アルプスの山々を映した神秘的な湖がある谷間の絶景の別世界だ。ニーチェが『ツァラトゥストラはかく語りき』第一部をここに滞在中の十日間で書いたという。トーマス・マン、ヘッセ、シャガール、マルセル・プルーストなど多くの芸術家が創作のインスピレーションや安らぎを求めて訪れた地でもあると、ニーチェ研究者のエル様が得々と説明された。

みんな思いっきり背伸びして清浄な大気を深く体内に取り込むように吸った。

間もなく下ると、旅の第二のハイライト、ドイツに入る。

ドイツ各地を巡る

ドイツ最初のミュンヘンでは、与党キリスト教民主同盟所属のヘック大臣のお世話により、それぞれの家庭に分かれホームステイする。

バスターミナルには、多勢の受け入れ家族が私たちを待っていた。私は有子さんとふたりでミュンヘン市役所に勤める五十歳近い人の家庭に決まっていた。迎えに来ていた主人の車に乗って広場から近い自宅へ向かう。家は日本の団地のようなコンドミニアムの四階にあって、美しいにこやかな夫人が六歳と三歳の子どもと一緒に迎えてくれた。

ミュンヘンの市役所は、十一時になると建物の尖塔の時計に仕掛けられたカラクリ人形が、機械の内側から出てきて回りながら時を知らせる。それを観るだけのために、その刻になると訪れる観光客や何処からか集まってくる人々で急増するランドマークを私たちも一緒に眺めた。

ここでは二日間の滞在中、受け入れ家庭やカトリック団体、ヘック大臣関係者らによって様々なことが準備されていた。牧場へ出かけて初体験のグライダーに乗って豆粒ほどに見える羊の群や美しい街並みに歓声をあげる。

ミュンヘン大学では、メンザストライキという学生食堂の職員の待遇改善を求めるストライキの最中で、厨房や食堂は閉鎖され誰も居ない。期待していた学生食堂での昼食はとれなかったが図らずもキャンパスの芝生に和やかに憩う学生たちと談笑することができた。ストといっても口論したり、スクラム組んで殴りこむタイプのものと様子が異なっていた。

そして第二次大戦中の歴史の舞台となった、ミュンヘン大学ホールの白バラ運動(DENKSTATTE WEIBE ROSE)の場に記念碑を見ることができた。

それは、ナチスへの抵抗と戦争の早期終結を呼びかけるビラを作成し、郵送活動を行ったり、大学構内ではビラ撒きを決行した大学生の兄妹たちが発見されてゲシュタポに逮捕され、即日主要メンバーは全て処刑された事件のことである。ナチスの前には、勇敢に立ちあがった学生たちの抵抗も叶わなかった怖い時代の証だ。

デパートへ行き、欲しかった民族衣装南ドイツ・バイエルン地方のドリンドルを買う。真っ白なレースに縁取りされたエプロンが、ワンピースに重ねてある可愛らしいのがあった。限られた持参の服では足りなかったから大変重宝し、ミュンヘンを去る日にその服を着ている私たちを見て、見送る人たちに喜ばれた。

次の滞在のロットヴァイルは八百年の歴史をもつ町という、ホームステイを仕切ってくれたヘック大臣の故郷だ。ここでは念願の一人での滞在となった。

建設関係の会社に勤める主人と、大きな体格をしたギリシャ人風の彫りの深い顔立ちの夫人、高校生の女の子を頭にふたりの男の子という五人家族の家庭だった。

手入れがいき届いた庭、一面に薔薇の模様の居間の壁、標準的な家庭だというがキッ

ミュンヘン白バラ事件記念碑

（左）ミュンヘンホストファミリーとの別れ。左端、ドリンドルを着た著者
（下）中央、リュップルケ大統領（西独ボン宮延にて）左端、内田駐独大使

チンに入って驚いた。一体、毎日調理されているのか不思議なほどに清潔で整理整頓されている。

「キッチンの美しさはドイツ女性の誇りですよ。キッチンを褒められると自分が褒められたことになるの」と、それが最も賛辞なのだと教えてくれた。私の部屋は二階の三つ並んだ部屋のいちばん手前にあった。ベッドの枕元にシュタイフ社のテディベアが座って訪れる私を待っていたかのよう。

日曜日の教会ミサに行って驚いた。姿が見えないと思っていた中学生の長男が、祭壇で司祭をリトル・ビショップとして手伝っている。壇上で聖歌も歌う姿は、上下のスーツにネクタイをした立派な少年紳士だ。ミサに集う人々もみんな正装で、穏やかに談笑し聖日を送るという信仰が根づいていることを裏付ける。

夜、私たち一行のために町じゅうで歓迎パーティーを開いてくれるという。パーティーは夜十時からというが、どの夫婦もドレスアップして会場へ現れた。老夫婦であろうとみんな腕を組んで……。そんな夫婦の自然な姿を眺めながら日本と何という違いだろうと驚き羨やましく、しかし、こんな形は日本には定着するだろうかと、その時には感じたものだ。

ここを去る別れの広場では、感動と感謝の思いに涙で目がかすみ、かれらの手を振る姿をバスの中から見ることができない程の深い交流を感じた。以後この家族との交流は何十年も続いて、幾度もドイツを訪れ、またかれらを受け入れるという交流が続く。

こうして深く心に残るロットヴァイルで深い絆を築いたあとでは、新たな家庭との心の触れ合いには戸惑う。幸い、フランクフルトではライン川沿いにあるユースホステルが宿だった。ユースホステルはドイツが発祥の地だけあって、安価で健全なイメージということから広く利用され、若者は実に頻繁に旅をするという。

私のベッドは二段ベッドが四台ある部屋だった。夕刻、部屋に入って行くと、間仕切りのカーテンは開け放たれたままのベッドに、既に女子学生たちが横たわっていた。彼女らは下着姿も顕わに、大きな腿を投げ出して寝転がっている。おおらかと言えるかもしれないが、驚かされる光景だった。

その南、バーソロミュー寺院の鐘の音が届くライン支流マイン川の上方に、エルリンハーゲン師の母上の墓地が在った。九年前に眠りについた母、ベルタ・エルリンハーゲンの墓をみんなで訪れ祈る。二十八年ぶりに故郷の地を踏む神父さまにとっても初めての墓参りである。墓石に、マリア様の絵が描かれている質素な造りであった。聖職者とはいえ、三十年ちかく子どもに逢わず別れてしまう親と子に清廉さと厳しさを感じる。いつまでも親子の契りに拘泥してやまぬアジア人の私だからであろうか。

急ぎ足の旅で、隣の都市・ボンに向かう。ボンはベルリンに壁が造られて以来の西ドイツの首都だが、人口僅か十五万人という静かな町だった。そこでは大統領官邸訪問となっていた。

官邸は緩やかに蛇行したライン川岸辺に、白亜の建物の威容をみせていた。入口で記帳をすませると、日本語の達者な書記官が会見室へと導いた。そこへ小柄なリュップルケ大統領が現れてマイクの前に立ち、ゆっくり見まわしてメッセージがあった（一四七頁写真）。大統領は一九六三年に日本を訪問した時の日本人の親切さ、一九六四年の東京オリンピックを成功させた努力と熱心さに敬意を表し、「諸君がこうして欧州を旅行しながら各国の経済、文化の発展を実際に目にとめ勉強することは、学校における勉強と並んで大切である」と、私たちの欧州旅行の意義を讃えた。最後に、敗戦後のドイツの復興に日本が援助を惜しまなかったことに感謝し、今後も日・独は仲良くやっていかねばならないと結んだ。

ボンは首都というより、緑の多い学園都市に相応しい都だ。

早稲田に勤務していた時の教授秘書の松木さんがドイツのボンへ行くなら、と連絡してくれていた人がいた。彼女の従弟で広田という青年で、東大を卒業して入社した会社が、ボン大学へ留学させてくれた期待される社員のようだ。私とは同じ年齢だったが年格好も、そのふるまいも、日本でニコンを貸してくれた彼を連想させる。

広田さんは、自宅から私たちの宿泊先迄四百キロという距離を車で訪ねてきてくれた。最もドイツらしい街並みなど案内してくれたが、エルリンハーゲン師のチェックは厳しく、必ず一行の誰かを同行することになった。広田さんにも面会して、何を何処でやっているか等と、尋問めいた質問をするので彼はきっと戸惑ったことだろう。

広田さんは友人と私を車に乗せると、いつもは東京本社から上司たちが出張で訪れる度に観光地の案内を希望され、それも業務と考えて連れて回る。でも今日の様に同じ年頃の女性は初めてだ、と嬉しそうに話しかける。

ドイツの大学は各学部が街の中に分散して在る。『アルト・ハイデルベルク』で学生皇太子とカフェの街娘とのロマンスの舞台となった街角や店先も、言われなければ見過ごし素通りしてしまいそう。

ハイデルベルク古城を見上げる橋の上に立ち止まって、ニコンを借りた時教えられたようにカメラに向かってポーズをとり写真を撮ってもらった。

次の訪問地ヴュルツブルクは、いよいよ私の単独の大学病院研修がある。そこには、東京大学の元勤務していた医局から二名の先生が研修に来ている。

X線を発明したレントゲンは一八一五年にヴュルツブルク大学に入り、一八九四年には同大学の学長になった。また、長崎に縁の深いシーボルトは、一八一五年にこの大学に入学し晩年を同地で過ごしている。ドイツでの研修に、この大学を勧められたが、それだけでも訪問するには充分の所である。

ヨーロッパでは大きな施設に必ず国旗と、その地方や施設の旗が交叉して門前に立っている。そんな門を通って行くと東大から来ている先生が迎えてくれた。この先生に、参加している研修医と広田さんと三人でついて廻った。先端の設備を見学し、スタッフに会って質問し、医師の診察現場も観ることができた。設備の充実した説明を聴いて資料を添え研修内容の報告書を作成して提出できる。ドイツ語に堪能な広田さんに随分助けられた。

広田さんは、今日がドイツで逢うのは最後という日に頼みごとを言った。

彼のドイツ人友人が、妻子をドイツに残して一年間日本語研修のために単身赴任するという。彼は日本語能力が未熟で不自由だから東京で時々会ってサポートしてくれないかと言う。私たちは快諾した。なおよく聞くとそのドイツ人の日本への出発は、私たちの帰国の途へつく同じ日、マルセーユ港発の同じ船だと聞いて、その偶然に驚く。

リヒテンハーゲンという人だそうだが、決して忘れないだろう。それはスイス地方の山国、公国リヒテンシュタインという地名とエルリンハーゲン神父の名前の一部を合体させてつけたような名であったから。

ハイデルベルク城背景に、著者

約束していた村本先生には、翌日病院で会う。東大病院内科研究室勤務の頃に夫人は冲中教授の秘書で個人的に交流があった人だ。

翌朝、大学病院からの帰りに一緒に大学から近いお宅へ行って久しぶりの友人と再会を喜んだ。

赤ちゃんが生まれて三カ月という。住まいの家具は全て備え付けという当時日本にはない形式の家だったが、樹々の中にそんな住宅が何棟か並んでいた。思索に耽《ふけ》りながら歩きたいような哲学的な雰囲気の環境が素晴らしく、羨ましい。

休日、先生の運転で周辺の景勝地をドライヴしてもらった。赤ちゃんは、ベビー用バスケットに入れて古城巡りをしよう。だが眠ったばかりの赤ちゃんを抱っこして、お城が在る頂上まで石畳を歩くのは揺れて可哀相だと、麓に置いた車に寝かしたまま三人で大急ぎで走って昇った。頂上の土産物ショップに綺麗なカップ&ソーサーを見つけた彼女と私は、同時にそれを欲しくなってジャンケンして勝った彼女が手に入れた。私は別の似た器を買って、今も飾り棚で時が止まったように当時のまま輝きを放っている。

愉しんで車に戻ると、赤ちゃんは眠り続けていたが、バスケットの枕許や顔の周りに涙の跡が残っていた。目醒めて一度泣いて、また眠ったのだろう。

日本企業が最も多いデュッセルドルフに到着した。ここでは、五年に一度開催されるドイツ連邦カトリック青少年大会に参加するためだ。

「スポーツその他様々な行事を通して、相互の理解と信頼を深め、同じ信仰を持っているという一体感を強めようとする」ためである。

各地で若者と接して来た私たちであったが、このように一堂に多くの若いカトリック信者と会するのは初めてだ。スタジアムは超満員で、インターナショナル・レビューで若者は各国独特の踊りや歌を披露した。フランス、スコットランド、チロル地方の民族色豊かな踊り、ウクライナ地方のコザック・ダンスは大いに沸いた。熱狂的でリズミカルなタンガニーカの踊り、フィリピンから、たった独り広い会場いっぱいに踊る姿に大喝采が送られた。

私たち三十名余りの大勢が着物姿でグラウンドに降り立った時、拍手が湧きあがった。大会最終日、閉会式と共に多数の司祭が協力してスタジアム中央でミサが捧げられ、みんなは心一つにして世界平和を祈った。エアハルト首相が最後に演説した時は大拍手が上がった。アルプススタンドの私たちの席でふと横を向くと、そこにボンの官邸に訪ねた、リュップルケ大統領の姿が……。私たちは遠来の客として特別席を用意されていたのである。思わず一緒に写真を撮ってもらった。

私たちのことを親身になって世話してくれた青年たち、国や人種を超えてカトリックで一つに結ばれている実感を味わった。

デュッセルドルフでの余韻をあとに東へ七十キロ、更に北方のエッセンに至った。

ここには、ヴィラ・ヒューゲルという重工業最大の巨大なクルップ財団家宝の館が見学コースになっていた。広大な敷地に森や湖を配し、後方にはルール川が蛇行して通っている。財団の工場と技術学校ギムナジウムも見学した私たちの写真は、その地方の新聞に大きく掲載された。この一族の相続直系がホモであったためにその後、家系が途絶えてしまったというが、自分の同性愛を優先して貫き、家系の権を放棄《すて》てしまった人はどの男性なのだろう。メインホールの壁に飾った一家の最も繁栄を誇った頃の写真の中にその像を探した。

ここから鉄鋼所の多い南ドルトムントへの道は、アウトバーンの最も古い部分といわれる。通過して行くと、ホーエンジーブルクというドイツ統一の記念碑に出た。その先がハーゲン。この中心地は、中央駅を除いて完全に戦争で破壊されたそうだが、今は元通りに復元されて人口二十万人の町になったという。

ハーゲンはエルリンハーゲン師の故郷で、師がマリエンハイデのあと十二年間暮らした家がそのままの形で残っていた。

少年期から使っていた部屋の外壁の窓の上方に書いてあるのは、ラテン語で「モリトウーロ・サティス＝死すべき者に充分」という意味だという。

学生時代に、師は唯一最期までヒットラー・ユーゲントに入らないで頑張ったために、相当な差別待遇と弾圧を受けたそうだ。そんな強健な魂のエルリンハーゲン師が日本にやってきて、広島で原爆に逢うとは、運命のいたずらを感じる。

この辺が、戦禍を逃れて残っていたことに感謝し、揃って家を背に写真を撮って貰った。健在であった師の幼友達が夕方、集まってきた。私たち抜きで懐かしい人たちとのパーティーが用意されているそうで、師はいつもと違う穏やかな表情を見せていた。

視線を移すと、ステンドグラスが美しかった聖ボニハース教会の遠く山頂に、鉄血宰相ビスマルクの記念碑が微かに見えた。

ベルリンの壁

これからベルリンへ入るためチェックポイント、チャーリーへ向かう。先方に見えるのは物見の塔か。壁の向こうへ食料を運ぶトラックの列がひっきりなしに通過していく。皆を乗せたままバスは、検問所で四時間も待たされ、ようやくポールが上がりアウトバーンをベルリンへ向かう。 林の間を走る道の両側には鉄条網が張られて、四年前にできた東西を隔てる壁は、ベルリンの街をジグザグにうねって二分している。しかも、ベルリンは東ドイツの中心部に位置しており、町の一部の西ベルリンを取り囲むように壁があった。つまり、西ベルリンは共産圏東独の真ん中に飛び地のように存在する陸の孤島だった。この壁の造りは一九六五年までで、翌年構造が変えられた。

西ベルリンへ入るのに罪人のような扱いを受け、やっとの思いで入ると今度は東ベルリンの壁。四十センチ程の厚さの壁と壁ひとつでベルリン市民が西と東に分けられている。四方を東ドイツに囲まれて自分の国にさえ自由に往き来できない東ベルリンの中の西ベルリン。西への出口、グラス・ハレの前では、帰って行く西ドイツ国民と想われる人々が涙ながらの別れをしている光景が幾組も見られ、私たちは目を凝らして見つめた。その夕べ、髪を振り乱したウルブリフト東ドイツ共産党書記長の写真の下で、全独省の役人からベルリンの状態について聴く。

宿泊は此処でも男性と分かれてマルタ—通りのクロスター・ツム・ガルテンヒルテンという〝良い羊飼いのカトリック教会自治体〟所有の建物だった。ベルリンの中心街に近く明日からのプランを実行するのに色々と便利だ。

早速日曜日、ドイツ語の堪能な友人に同行を頼み込んで東ベルリンへ行くため地下鉄に乗ってフリードリッヒ・シュトラーセ迄行く。その辺がブランデンブルク門に近い。検問所を経て、ブランデンブルク門からウンター・デン・リンデン通り（菩提樹の下）まで歩く。ベルリンを二つに分けている長々としたシュプレー川を渡って進む内にフンボルト大学が見えた。大学の南側に、私の目標の聖ヘドウィグと示された大きな近代的な聖堂に行き着いた。ようやく探せた東ベルリンの、聖ヘドウィグ大聖堂、私の聖名と同じ名の聖堂である。

イグナチオ教会で洗礼を受けた時、その名に命名されたものの珍しい名前に戸惑ったが、いつかこの私に授けられた聖なる名を冠した教会に逢いたいものだと願っていた。それがやっとあった、願いが叶ったと感激した。

その名の由来も、ヘドウィグはドイツ語読みで、ドイツとポーランドのみに広まったシロンスクのヤドウィガと呼ばれる聖女の聖堂という。ヤドウィガは、アルトバイエルンのアンデクス伯爵令嬢で、十二歳でシロンスクへ行き、後にポーランド君主になるヘンリク一世のもとに嫁いだ。夫の死後、修道院に入り全財産を貧者の施しに使って最後に無一文になった。死後聖人に列せられたという。

近代的に作られていた聖堂の内部に大勢の祈る人がいた。東ベルリンでも宗教が守られていること、自分の洗礼名の教会で祈ることが出来る感動、忘れられない思い出に残る一日となった。

再びフリードリッヒ・シュトラーセから電車に乗る。西側には材木の櫓《やぐら》が作られて、壁ごしに東が覗けるようになっているので高い櫓から二十人ほどの人が覗いている。鳥箱を巨大にしたような番兵の塔もある。広い通りを私服警官が犬を連れて視線を四方へ向けながら歩いて行く姿を何度も見かけた。

ベルリンでは、友人と別れて独りで歩くうち道に迷ってしまった。不安で胃が痛くなる程だったが、ふと思いついて目に入った教会へ駆け込んでみた。その教会の神父は私が示す宿泊所が載った地図を見ると、直ぐ連絡をとり、私たちの集合場所まで直ちに探し出してくれたのである。この時ほど、教会のネットワークの強さを感じたことはない。

是非観ておきたかった、ジョン・F・ケネディのベルリン訪問記念句と、その横顔とスピーチ「イッヒ　ビン　アインベルリーナ」が刻まれたレリーフの前に立った。周囲に有刺鉄線が張り巡らされて鉄条網には東ドイツの宣伝のプレートが設置されて、その絵は真っ黒な羽根を広げた鷲か、カラスか、足も首にも包帯が巻かれて醜く苦しむ画像

ブランデンブルク門、1965年８月撮影

ウルブリフト共産党書記長の写真の前で

であった。

このような異常な壁がいつまで続くのだろう。

ベルリンの東西ドイツの壁をあとに、ドイツ最後の滞在地メッティンゲンへと一路西へ進む。オランダ中心地まで約五十キロという国境の町で、私は独り木彫りを生業とする老夫婦宅に一泊した。英語さえ全く通じないので、ほとんど対話はできないのだが日本の扇子を渡し微笑み交わすだけで暖かく通い合うものがある。

この滞在先に私は自分の日本の住所を知らせもせず去ってきたけれど、一年が過ぎた頃そのお宅からイグナチオ教会に、私宛の木彫りのマリア像が届いた。台座をいれて高さ三十五センチの幼いキリストを抱いたマリア様の像だった。男女がふたり足許に膝まずいて祈っている像の下に「Bitt Gott Fur uns MARIA」と刻まれている。

像は船便で一カ月以上かけて日本に着き、私の手許に届いたのはその後半年も経ってからということになる。

辿り着くまでの間はるばると、その道程を想うと奇跡に感じられ、巡り合いに感動した。像は今も大切な宝だ。

四、終わりの予感

帰途

オランダを後にベルギーに寄り、バスは果てしない平野をパリへ向かって直進していく。

沈む間際の真っ赤な太陽がバスの右手の地平線上に、浮きつ、沈みつして何処までも私たちのバスについてくる感じだ。

やがて行くてはるか前方に大都会の灯が目に飛び込んできた。眠りかけていた皆も一斉に目を覚まし、リンドバーグの「翼よ！　あれが巴里の灯だ」に倣って、

「バスよ、あれが巴里の灯だ！」と口々に叫んだ。ヨーロッパでの全ての予定を終えて

帰途につく前の三日間、世界で最も華やかな都パリがゴール、解き放たれたように気分が華やいだ。

ノートルダム寺院をはじめ、ブルジェのカテドラル、アビニオンの城址にも幾世紀も風雪に耐えてあらゆる人々を招き、その普遍性をもつカトリシズムの思想が集約されているようだ。そこでは苦しみや嘆きの罪もその次元を超え昇華されていく。

パリでは、密集した街角の狭いホテルが宿舎だった。螺旋形の急勾配の狭い階段を四階の部屋まで、息を切らして重い荷物を引きずりながら昇った。

「君が教えてくれたどこよりも、こんな所の方がずっとパリらしいスポットに見えるよ？」

窓を押し開けて、部屋から路地裏を見下ろしながらふと気がつけばカメラを貸してくれた彼に語りかけている。

「ホテルの窓からたくさん撮って帰るわ。……窓辺の飲み干した瓶に挿した草花、階段の埃までも……。帰ったら君の辛辣な意見を聴かせてね」。たしか一緒に観た映画『軽蔑』だった。この部屋の外、廊下の曲がり角から、無造作に金髪を束ねた、あのブリジット・バルドーが唇を尖らせてドアをバタンと閉め、ダダーッと降りて来そうな気がする。君もここに来るとそう感じると思う、きっと！

　隣に彼が居てくれたらと切にそう思った。

「思い出すよね、あのシーン。映画館を出た帰り、妻役のＢＢ《べべ》が夫を軽蔑する意味をさぐり合い男性の嫉妬さえ語り合うことができた。男と女の考えの違いを歩き疲れて建築中のビルの足場に凭れ、君はズボンのお尻が汚れても構わずに、話し足りず……、ただただ話し尽きないあんな日のふたりだった……」

　今は移り流れゆく私のこの夢のような旅も終わりに近づく。一種の焦燥感に似た感覚が目を醒ます。

　その日から私は、紹介してもらっていたエールフランス航空パリ支店に勤務する女性に連絡してパリを案内して貰った。スチュワーデスだったパリに詳しい女性だ。化粧っ気のない髪の短い彼女は、ボーイフレンドが運転する車で私の宿舎へ迎えに来てくれた。

「日本の新聞は毎日届くのよ、さあ」と言ってその日の新聞を渡してくれた。

　ふたりはシャンゼリゼの裏小路の地下にある一室へ連れて行った。日本でも注目されはじめた、これが本場のシャンソンなのだろうか、穴倉のような削られた岩壁を背にギターを抱いた男が囁くように唄っている。ほの暗い裸電球のもと、石か木の根がさり気なく転がっていて音もなく入ってきて腰を降ろし、思い思いの格好で耳を傾け瞑想に耽っている。パリっ子たちの長い夏のバカンスが終わろうとする、ここで立ち滞まったような空気。

そんな雰囲気になじめない様子の私を外へ連れ出した。女性はライセンスを取ったばかりというのに、パリの中心街へと進入して行った。ハンドルを持つ間じゅう、「オーイ前の車、さっさと走りなよ！　しまった、つられてこっち来ちまった！」。などと、短い髪を掻きあげ怒鳴り続ける。急ブレーキを踏む。こんな所で交通事故にでも遭ってはたまらない。しびれを切らしたか遂に男性が、

「女性はハンドルを持つと、なんでこんなに暴君に変わるんだあ?……」などと言いながら代わって運転したからやれやれだ。

アビニオンの橋付近の、戸外でレース編みして売る夫人たちに思わず魅せられてしまう。フランスは鄙びた村の農家でもなんと美しい。軒先や壁に描かれた聖人たちのフレスコ画、日本の田舎の雑然さと程遠いのはどうしてだろう。

私たちのヨーロッパの旅もここまで……。八月十七日、十八時発の船の出港へむけて宿舎ではみんな無口で荷造りをはじめた。

とうとうパリから三時間ほどバスに揺られて、フランス最大の港、マルセーユ港に到着した。ヨーロッパ大陸もここで終わりだ。振り向くと、旅を締めくくるかのように遠い丘にゴチック式の教会が聳えて、頂きのマリア像が私たちを見下ろし、手を振っているかのように見えた。

港町にはさまざまな人種が、それも中近東系の人たちが腰巻風の布を巻き、地面にまるでへばりつく格好で座り込み、何かを吸いながらたむろしている。ひしめくように凄い人混みだ。これまで感じたことがないような魚と肉が混ざった、鼻を突く一種独特の強い臭いが立ち込めている。

マルセーユ発ベトナム号

八月十七日、これから帰国の途につく。フランス船籍の一万五千トンの船〝ベトナム号〟という、フランスの旧植民地ベトナムからとった名まえの客船で、約一カ月の航海で日本へ向かう。

一行の中、三名の女性が帰途の船には乗らなかった。私と同い年の道子はカトリック関連施設の紹介を得て、ドイツの神学研究機関に入るという。声楽家を目指す花田さんはドイツの音楽大学へ留学準備のために残り、ドイツ国境でバスを降りて別れた。一行で最年少、十九歳の彼女はパリまで乗って、そこからロンドンに留学中の友人の施設を、将来に備えて下見するため向かい、我々より遅れて帰国する。パリから列車でカレーまで行き、そこからフェリーでドーバー海峡を英国側フォークストンまで独りで向かうという。

三人それぞれの行動力を私は羨望の目で見送った。

ベトナム号では三等船室の四人部屋に、横浜発ナホトカ行き〝バイカル号〟の時と同じメンバーで二段ベッドに収まった。黒沢さんは盛んに、

「また来るわ、絶対に！」と、遠ざかっていくヨーロッパ大陸に向かって、その声が届くかのようにため息交じりに繰り返している。

「あたくしだって……」すかさず声をだすのは幸だ。

私も同じ気持ちだけれど、確とした目標も見つからない自分はそう易々と言えない。

船室には洗面台のほかにロッカーが人数分備えられている。さっそくロッカーに荷物

を詰め込む。矢島さんはキャビンの外側、つまり海側にある丸い小さな窓を見つけて、強固なガラスの窓を叩きながら「これ大丈夫でしょうね！」と大声をあげた。窓を通して見えるのは洋上の水面なのだから。

大きなスーツケースを開けると、日本からのプレゼントの分は減ったものの、滞在先などからの贈り物や土産などで重量限度までなってしまっていた。数人でまとめて船便で先に日本へ送った物もあったのに……。

ひと通りの整理を終えて誘いあってデッキに出た。

視界いっぱいに映るエメラルド色の地中海、銀色の魚がとび跳ねながら船と平行に群れをなし泳いでいく、その大群に驚いてしまう。

「ズッピン飛び魚ズッピンピーン、とーび魚ズッピンピン！」誰からともなく口ずさんだ歌のように、飛んでいく飛び魚のさまが小気味よい。

マルセーユから乗船して次の日私を訪ねてきたドイツ人があった。ボン大学に留学中の広田さんから、交流を頼まれていた日本へ向かうリヒテンハーゲン氏だ。この人の船室はビジネスクラスなので、食堂や映画館でも見かけることもなかったのだろう。

「ハジメマシテ……」手を差し出す初対面の彼の日本語はたどたどしい。一六二センチの私よりほんの少し高い中肉中背の人だった。三十歳前だと聞いていたが、額が、かなり後退している。私は彼を一行の男性にも紹介して東京での生活習慣、日本語教育などサポートを約束した。

「ヨロシクお願いいたします」彼はぎこちなくそう言って安心したかの様な笑顔で帰って行った。始まる船の生活に楽しみがひとつ増えた気がした。

しばらく経った頃こんどはリヒテンハーゲン氏を通じて、と言う日本人が私を訪ねて来た。三年間のフランスで医学研修を終えて、妻と幼児と共に日本へ帰国途中だという。おり入っての話を、と言うがまるで見当もつかない。

聞くと、彼らのキャビンはファーストクラスだが、時々正式の晩餐会が催される。そんな時、幼児を伴っての出席はできないのだという。ディナーに出席している間だけ、私に子どもをみていてくれないかという依頼だった。ベビーシッターになってくれということなのか……。

「自分は慶応病院の医師だが、あなたがいらっしゃる東大の○○先生と懇意にしている」と、私の身分を調査済みなのか、私も知っている先生の名前を挙げて、今回二度だ

デッキにて、インドの少年と

けお願いできないでしょうかと必死に頼みこまれると、その場で承知せざるを得なかった。

晩餐会があるというその夜、ファーストクラスの部屋に訪ねて行くと、夫人は船酔いが激しく、初対面の私にも挨拶も交わすことができない。それでも、私に子どもを委ねてドレスに着替え先生と出かけて行った。

ファーストクラスの船室は、ベッドのほかにソファーを置いて小さな丸いテーブルや本棚までついて居心地良さそうだ。

赤ちゃんは傍らの小さなベッドで眠っていたが、ようやく目を覚まし、きょろきょろしながら私を見ると、泣きだしてしまった。

抱いてあやしても、哺乳瓶をくわえさせても、のけ反って泣き続ける。私は子守りに向いていないのだ、と焦っていると、ようやく泣き寝入り静まった頃ふたりが戻って来た。

帰って来たご機嫌な先生は、自分のことを話しはじめた。帰国したら派遣してくれた大学病院にお礼奉公として二年ばかり勤務する。そのあと世田谷で父親の跡を継ぎ開業医として地域医療に取り組むのだという。私に時間があったら訪ねてきて下さい、と医院名の入った名刺を渡した。なに事もなかったように眠り続けている子を見ながら、留守中の子の様子を聞くでもない彼らへ複雑な思いで自分の部屋へ戻った。

〝ベトナム号〟の生活も少しずつ馴れてきた。朝食に食堂へ行くと誰かに逢える。食事は基本的にフランス料理で皆も同感らしくパンが特にうまい。

「このザマじゃあ、船で肥っちゃうわねえー」と言い合っていると、船はほとんど揺れないのに、もう船酔い気味で何も口に入らない人がいる。が、それはほとんど男性である。既に赤く陽焼けしてきた腕を比べ合いながら、元気いっぱいの私たちは頼りない彼らに行く路はるかな船旅を想像して、

「あなたたち、痩せてしまうわよ！」と茶化した。

地中海のシチリア島が見えるという声に、デッキへ走るとたしかに海原遠く小さく島

が霞んで見える。船はアフリカ大陸寄りを航行してスエズ運河へ向かって大陸や島々の間に入り、三日後の午後アフリカ大陸の付け根部分のエジプト北端に位置するポートサイドに到着した。マルセーユを出て初めての寄港は、わずか七時間の停泊というが土が踏める。港には、大小の貨物船や客船がひしめくように停泊して活気がある。

地中海を挟んだむこう、シナイ半島はキリストゆかりの地。北部にはキリスト生誕の地ナザレ、青年期を送ったガリラヤ、山上の垂訓の場など聖地の宝庫、聖書の世界だ。港周辺の道標にアレクサンドリアの地名が書いてあるのを見かけた。イエスは、その生涯の二十代前半の頃に、当時宗教のメッカであったアレクサンドリアに留学をした。

カトリックの洗礼を受けようとしていた頃の熱い思いが甦る。自分は深刻な苦悩からの救いを求めただけの受洗ではなく、そうした聖書の世界の名称への憧れに惹き込まれたところもあったように思う。

皆揃ってスケジュールにのって、デコボコ路を、砂埃を上げ飛ばして走る時速八〇キロのバスでカイロのピラミッドへの小旅行に出発だ。

カイロ博物館には、ツタンカーメン王の像、金棺、石棺、ミイラなど貴重な歴史資料の数々が無造作に展示されていた。疲れた人はギゼーのピラミッド近くの〝ラクダの駅〟から駱駝に乗って、十五分ほど行ったピラミッドの麓で、歩いてきた私たちと合流する。

アラバスターの美しいモスクの中では至る処にナセル大統領の肖像画を見た。

バスは市民が雑沓するバザール近くまで行ってショッピングのため私たちを降ろした。人盛りの絨毯の店の前に蛇を首にターバンを巻いた裸足の男たちが客の呼び込みをやっている。ハーメルンの男に見えて、そこら中がおどろおどろしく、あらゆるものが雑多に混在して私を惹きつける。

帰る頃には地平線はるか遠く、逆光に浮かび上がるナイル川が見えた。諺に〝ナイルを見た者は再び来ることができる〟と言うが信じたい気がする。船に戻ると、地球が動きを止めたかのように単調にみえたスエズ運河を、ようやく通り抜けたようだ。

航路の海域が替わるとプールの水が、その国の水に入れ替えられた、と放送が鳴り渡る。そこはもう紅海だ。

小さなプールには飽き足らず矢島さんと内緒で別のクラスの方を覗いたりした。読書やレポート作成が続いて飽きる。閉じ込められたような船旅は元気漲る私たちにとってなんと延々と退屈だろう。何か刺激はないか鵜の目鷹の目だ。そこへ飛び込んできたト

船に来たエル神父

ピックスに女性は一斉に耳をそばだてる。この船のパーサーの保健室はいつも開け放たれている。若いスマートな純白の上下制服姿をした、アランドロン似のフランス人の部屋でもある。

「あそこに元気なアメリカ人女性が通っているんだって」

「パーサーは迷惑しているそうよ……」と、そんなこと、どうして分かるのか、そんな噂が届き話は弾む。ホントかどうか、代表して矢島さんと一緒に部屋の前を素知らぬ顔で通過して見た。いた、いた、ふたり並んで立つと相応しい立ち姿であろう、細くしかし肉感迫る金髪の女性が入口に背を向けて、こちら向きに椅子に掛けた男性を仰ぎながら話し込んでいるのが見えた。大人の女性の姿、背中が大きく刳られ肢体にフィットした薄いナイトウェアのような大胆なワンピース姿だ。

私たちは悪いことでもしたかの様にドキドキしながら駆け戻ってきた。「見た？」。彼女は目を輝かせて私を突く。「見た、見た！」。私も負けてはいない。そして、見て来たことに少し尾ひれをつけて仲間に言いふらす。あのふたり横浜に着く頃はどうなっているだろう。

船内ではエコノミークラスでも映画会、ダンスパーティー、マジックなどエンターテイメントが日替わりである。図書館、免税品のアルコールや煙草の品定め、掲示板の表示を観て回るが、直ぐ飽きてしまう。

ポートサイド出港から四日間の後、海は紅海を通過してイエメンのアデン港に着いて、丸一日ばかり停泊する。

沖に停まった私たちのベトナム号から、遠くアデン港岸壁にこちらを向いてすっくと立つモーゼのようなエルリンハーゲン師の姿が見えると、みんな歓声をあげた。教会ネットワークを通じて寄港地の船の停泊時間に合わせて先廻りして港で私たちを待っている。ほんの一週間ぶりなのに何カ月ぶりかに会うかのようにみんなは走り寄って取り囲んだ。

師は船上にもやってきて、その国の若者たちとの集会など予定事項を伝え、連絡先に指定している停泊所や教会に各自宛に届いていた手紙や小包を持ってきて渡してくれる。長崎大学医学部インターン中の友から、心待ちしていた薬品が手紙とともに届いていた。抗生物質薬品はこの航路を行く参加者全員にとっても貴重品である。いつの間にか東大精神神経科から参加している男性と私は、皆のための保健係になっていた。

思わず、彼のためにフランクフルトで買った陶器製のジョッキが割れていないか荷物を開けて確かめてみた。薬と同封の手紙に、時間に余裕があったら神戸で下船して長崎の家に寄ってくれないか、自分は必ず神戸の港に迎えに行く、と書いてあった。

少しずつ帰国の現実が迫ってくるようで、真剣に考えるのが怖くもあり鬱陶しく感じられた。

語り明かすキャビン

船の生活も半分過ぎて、それにつれ焦りにも似た空気が漂う。私たち女性にとって自身の将来を決める微妙な歳ごろなのだ。

「わたしね、加藤君から言われたのよ。この旅は失恋旅行か？　って。そうでなきゃこの歳で行かないでしょう、とか……」。私は夕食後キャビンに戻ると、言われたことを訴えるように皆に話してみた。

「どうして？　あのカトーったら。二十四か五くらいで、もう先が無いって決めつけるの？　それじゃあ一つ下がここにもあそこに居るでしょ。皆そうだっていうことになるじゃあない。三十代もふたりいるわよ！　彼ってあなたに気が……」

「まさか！　男性が海外へ行くと箔がつくけど女性の場合逆で、却って縁遠くなるんだって言うのよ。そうなのかしら……」

「ン、まったく彼ってその程度なのね。ケーオーボーイなんて、えばってるけど、コンサーバティブ（保守的）もいいとこじゃない！　サイテーね」。幸は自分が言われたように憤慨して、得意の英語がはじける。

「大体、今回参加した男性ってみんなその程度の考えよ。幼稚だと思いません？　それにステレオタイプよ。ヨーロッパの男性、素晴らしかったじゃない」

「特にドイツ人！」「そー、わたしもそう感じた！」

「そーよねえ……。寡黙でいて思慮深そうで規律正しくて、レディーファーストで……。

ご立派よねえ」。限りなく絶賛の言葉がとぶ。

「もう一度行きたくなった。ミッチーのように！」。ドイツに残った道子たち同僚のふたりが浮かんできたのか、ドイツ語学科を卒業して商社に勤務して二年目の黒沢さんが、悔しそうなため息をつく。

「それにしてもわたしたち帰ったら真剣に結婚を考えなくてはね。両親からこの旅行は結婚前の最後のプレゼントだって約束させられたんですもの……」。いつも活発な矢島さんが珍しくしんみりとつぶやいた。

「わたくし、押しつけられるのは絶対いや。相手は自分で選ぶわ」。幸は強気だ。

「その場合、なにを一番基準にします？」

「人格！　生活力もある程度必要だけど何よりわたしと価値観が似たような、永遠に愛していけそうなひと……。フィーリングね。出逢えたらだけど」

「価値観って曖昧よね。一体、熱烈に恋愛して結婚へゴールインなどということができるのかしらね」。私はあり得ないような気がしていた。

「貴女がなぜそうに仰るの？　あなたボーイフレンドが多いから迷うのよ。カメラのひとは駄目よ、貴女に似合わないから。長崎の彼、お薬を送って下さるなんて凄くあなたを大切に思ってのことよ。利用するだけじゃあ駄目、貴女はご自分だけが大切なんじゃない？　誠実な彼を蹴るなんて許さないから」。幸から痛いところを突かれたようで言い返すことばも見つからない。カメラのひとは駄目っていうことは、マタイ伝の「新しいぶどう酒は新しい皮袋に……、ということなの？」とつぶやく。

「絶対に結婚をしなければいけないのかしらね？」。誰かが聞いた。

「そうなんじゃない。誰もがするように」。誰かが答える。だが、ここにいる誰もなぜかは答えられず、誰も決して結婚への夢を描いてはいないようだった。

聖書にある文が浮かぶ。未婚者に対してキリストは言う。

『わたしのように、ひとりでおれば、それがいちばんよい。しかし、もし自制することができないなら、結婚するがよい。情の燃えるよりは、結婚する方がよいからである。……ただ、各自は、主から賜わった分に応じ、また神に召されるままの状態にしたがって、歩むべきである』(「コリント人への手紙　第七章」)

人間の営みは自分の意思だけでは動いていかない哀しいものだと、未来への夢が打ちひしがれていくようだった。ベッドに就いても部屋は寝返りする気配ばかりで、いつになくみんな無口になっていた。

これまで出逢った男友だちを思い浮かべてみる。燃えるような恋なんていうけれど、自分は生涯そんな恋には出逢えないだろう、しないだろう。幸が言ったように私は利己的な人間だから自分を犠牲にするような恋などできっこない。人生で恋愛が全てだとか目的だなんて、洋画のストーリーの、或る日突然炎のごとく、などと私の人生に起きる筈はない。

うとうとと睡魔が襲う頃、深夜の桟橋に沢山の荷を背負い慌しく出入りする客のざわめきが更に眠りを妨げる。船の寄港と出港の時の碇を降ろし鉄の綱を巻く音はもの凄い。何千トンもの鉄で編まれた鎖の塊だから。

紅海を抜けて船は広いアラビア海に出る。ただただ広いけだるいような海原、何も変化はみえない。そして三日半後の夜、パキスタンのカラチに、僅か四時間の碇泊で下船する人々を降ろして船はまた出港する。翌朝、朝もやの中、インドのボンベイ（一九九五年からムンバイと呼称）に着いた。また岸壁にエルリンハーゲン師が居るはずだ。

インドは多宗教国家だがヒンドゥー教徒八〇・五％でキリスト教徒二・三％という。だがボンベイは、インドで最初に西欧の生活が陸揚げされた地だけに多くのキリスト教会を見かける。私たちは、極めてマイナーなキリスト教カトリック系・聖ザビエル大学ボンベイ（St. Xavier's College）へ向かった。

大学の歴史は古く一八六九年創立の広大なゴチック式の建物だった。きちんとした身なりの男子学生が待っていて交流会が始まる。彼らは初めて見る日本人の私たちに特別興味を示したのか、いつか日本を訪れたい、などと言った。

ボンベイを出た船はインドの突端の陸沿いを進み、九月一日、スリランカ・セイロン島、コロンボに到着した。

私たちは、コロンボの岸壁からバスに乗り、舗装された道を北東約九十七キロ、標高六百メートルの高原キャンディへ三時間かけて向かう。

行く途中の緑豊かな田植えする光景は、日本の田舎に似て懐かしい故郷の風景を思い起こさせる。椰子の畑が連なり、椰子はこの地方の重要な産物だと説明された。その葉は屋根を葺き、実は食用、殻は民芸品に利用され、木の幹は建築材料に、幹の芯は料理、根は皮膚病用の薬にと、全てが徹底的に無駄なく利用されるという。しかも、椰子は六十年も植え替える必要もなく利用され続ける。

街中に象が多く見かけられた。この国では牛と象が重要な労働力で、牛が神聖化されていない。アジアで近くに在りながら、インドと異なり牛を食用にしたりする。

セイロン街中を行く象
サイゴンの露店、1965年

翌日、イエズス会の神父に会った後、学生との交流会や小旅行があった。こんな山奥地方にまでイエズス会が布教に進出していることが驚きだった。

キャンディの街角のレストランでは、初めて本場のドライカレーに出合う。大きな湯がはいったアルミボールが各テーブルに出されて、指を洗ってその指で食するのだ。先に入れた人の汚れが残るボールに。

ダラダ・マリガワは仏陀の歯を祀った寺で有名だ。入口の左側に日本から贈られた鐘が安置され、「贈仏寺、本願寺門大谷照光」と刻まれている。通風が良く二階に上がると木造りの広間が在った。

日蔭の広々とした所に来ると、旅の身体を休めたい気持ちにさせる。遠い故郷のしっとりとした畳の間が懐かしく浮かんできて、父母や如何になどと想い起こさせた。

ここでは高僧が徹夜で説教するという。その正面に銀や象牙がちりばめられた扉の奥、そこに仏陀の歯が祀ってあるというが私たちには開かずの扉だった。

あとにした寺院の白い姿が湖に影を映し幻想的だ。コロンボの岸壁へ着いて乗船する頃には、夕闇が迫って暑さも去り海風が爽やかに頬をなでた。

先進国を歴訪してきたあと、アジアの国々は色褪せて興味ない国に見えてくる。まず、国に降り立ったときの鼻を打つ臭気だ。共通してスパイスや土、動物などの臭いが混ざり合わさった独特の臭いがする。食卓に並ぶ色鮮やかな南国の果樹も、強烈すぎる香りの強さに圧倒されて味わう気も失せる。次に寄港したシンガポールもそうだった。

もう九月も六日、シンガポールはその年の八月九日、マレーシアから独立したという大きな幕が港に誇らしげにはためいていた。独立は、私たちが寄港したわずか前ということになる。

そんな港を出て町の看板を楽しみながら歩いてみると意外な発見がある。

この都市にもチャイナタウンがあって、複雑な臭いを発散させた屋台が延々と並ぶ。道端では鋏一つで散髪の商売をやっている。見回す店先の看板に書かれた「一粒神気忽ち五体に充実」という文字は、何となく理解できそうではないか。

ベトナム号には沿岸の人々や旅行者が多くいたが、ヨーロッパ、特にドイツやスイス人は少ない。そんな中、活発な私たち若者集団を静かに遠くから眺めるひとり旅の神戸まで行く女性がいた。日本人と結婚するために母国スイスを出てきたのだと言う。神戸に待つ相手は、スイスに派遣されていた時に出逢ったと言って、見せてくれた日本人という写真を見て驚いた。どう見ても名前も曹斗換という台湾人男性だろう。私は台湾人の友人がいるからその違いや特徴が一目で判る。

結婚するために母国を単身出て異国へ向かう、その情熱に感動してしまって、「この人、日本人ではないですよ」などとは言えなかった。日本に住むフィアンセでいいではないか、と考えた。

ベトナムの風

ベトナムは戦いが今まさに泥沼へ突入と予想されていた。そんなベトナムの生の状態を感じられると思うと緊張する。ここでも、イエズス会を通じて若者と交流できるように現地の神父様たちが会合の調整をして下さっている。

船を降りて連れだって、サイゴン埠頭の門を出た途端、激しい交通量に立ちすくんだ。タクシー、ジープ、人力車、それらが行きかう喧騒の中、たくさんの天秤棒を担いだ白い服に草履を履いてとんがり帽子のベトナム人が、裾をひらひらさせながら横断していく。道路は自分だけの物とばかりに、周囲など全く気にもかけず、そんな流れを真似て、横断して、途中、東京銀行の看板を横にサイゴン川沿いに露天商が並ぶ所まで辿り着いた。

賑やかな町風景の中に居れば、ここが戦争中の国であることを全く忘れさせる。だが一端、重要な建物の前に行くと土嚢を積んで鉄条網を張り巡らし、銃を構えたベトナム兵が見張っている。怖いけれど世界が今、最も注目する場に来たのだから、緊張の現場も感じてみたい気もした。

やがて中央市場の〝コの字〟型に土嚢が積まれたその中心に柱が立てられている所に行き着いた。そこはベトコンだといわれる高校生が公開射殺された場所だという。サイゴン郊外にある軍司令部を見学することになった。向かおうと私たちが一歩郊外に出た途端に、いつの間にか憲兵隊のジープが先導し周囲は厳重な臨戦態勢に入っていた。八月十日に、サイゴンの南ベトナム国家警察本部を、北ベトナムが支援する南ベトナム民族解放戦線が爆破した。そんな直後のベトナムだ。

その夜、陸軍司令官グエン・カオ・キ将軍主催のレセプション、〝南ベトナムの夕べ〟に招待される機会に恵まれた。私たちがカトリック信者たちだからこそ実現したと思われる。話題は極秘というが、若い将軍が何を話したのか私の手元に残る資料はレセプションでの数枚の写真だけである。

六月にグエン・カオ・キを首相に任命。グエン・バン・チュウが議長（国家元首）との二人三脚となる。チュウはハノイ生まれのカトリック教徒で強烈な反共産主義者であった。レセプションは、サイゴン一流のレストラン、コンチネンタル・パレスという会場で行われる。次に爆弾を投げ込まれるとすればこのホテルだ、と噂される所だというその会場へ、私たちは指示通り動き易い平服で出かけた。レセプションには従軍司祭も出席していたが、私たちは近づく旅の終わり、最後の力を出しきるかのように集中して臨んだ。

のちに、ベトナムは戦争中に〝テト停戦〟というクリスマスシーズンでの休戦が初めて実効された。それは、バチカンで謁見したあのローマ法王が、ベトナムを訪問し提案したことから実現したものであった。

レセプションの翌日の新聞は〝米国による北爆で本格的な戦争状態に入った〟というベトナム戦争の始まりの記事にあふれていた。しかし、あの時見たあの戦争が周辺世界へ次々と波及していき、それが如何に長く、如何なる悪の歴史を刻みゆくことになるか知るはずもなかった。

平和への道に向かって立ち進もうとする日本を思い、私たち若者への使命、これから

グエン・カオ・キ将軍主催のレセプションに招かれて

店頭に翌日の新聞

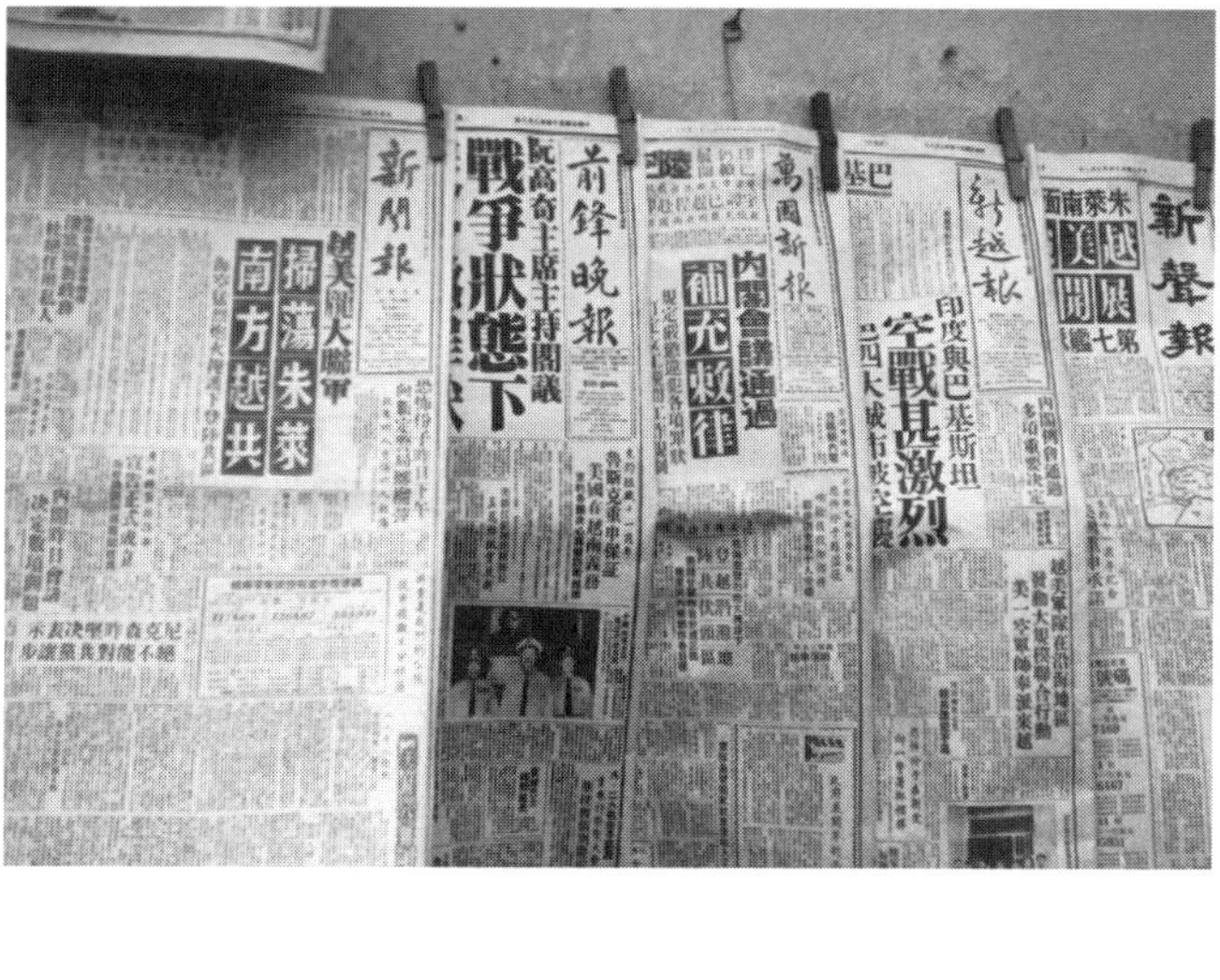

の生き方を考えさせられながら、みんなを乗せた小船は夜のメコン川を下ってベトナム号に戻り次の寄港地の香港を目指して進んで行く。

あと一週間もすれば日本に到着だと考えると、現実が次第に重く迫る感じだ。職場復帰して報告するための資料の整理は、三冊のノートを費やす量になり、写真も持参したフィルムを使い果たした。次の寄港地の香港で買い足さなければならない。

食事時になってもホールに集まる仲間の数が減ってきた。南シナ海のフィリピン海峡が近いという頃、船の揺れが大きくなってきた感じがする。

キャビンへ戻ると、丸窓の奥の広角ガラスの先に見える海面は、船壁に叩きつけるように波が飛び散っているのがわかる。私たちの部屋を一番元気に仕切っている幸は、ベッドから降りられないほど船酔いに悩まされて、ほかのふたりもベッドに横たわり静まりかえっている。

どこにもほとんど人影もなく、これがいつまで続くのか不安になって、図書室を覗くと、客ふたりと男性仲間数人がいて書き物をしているところだった。訊ねようと思っているうちに、かれらも気分悪そうに、ひとり去り二人去ってみんな居なくなった。

船は益々揺れが激しくなり、マイクから、現在船はフィリピン海にさしかかったこと、台風の中に突入していることを告げてきた。

パーサーは慌しくよろめきながら、元気な私を見ると目を丸くして、「アーユーオーライ?」と声掛けして廊下を走り去って行った。スタッフの姿も減ってきた。揺れは余りに激しく客船は今、「進むことを停め、台風がおさまるのを待つ」と放送された。と、いうことは南シナ海、フィリピンの沖に当分停止する、日本到着が予定より遅れるということ? それは一体どれくらいか……。

驚いた私は確かな情報を得るため迷った挙句、班長の部屋へ向かった。だが、ベッドで唸りながら誰ひとり部屋から顔も出せず、私に答えるどころではない。

しばらく経った頃また、放送が聞きとれた。

「この船は台風のため大事をとって、予定を一日半以上遅れざるを得ません」。予定が二日も遅れることになる。

どうしよう、私には勤務がある。辞令の十八日までには東京へ戻らなければならないのに。連絡はどうすればよいのだろう。それに私は終着地の横浜港まで乗らず、次の神戸で降りて長崎の彼の家に行く予定があった。私を伴い一緒に行くために彼が神戸に迎えに来るはずなのだ。初めての彼の家への訪問だが良い機会であると思っていた。そこで挨拶したあと、故郷の両親に帰国の報告をして、すぐ東京へ列車で引き返す予定でいた。だがこの分では、神戸で彼に逢うだけで九州へ向かう時間はない。

船中に人影は消え、ゴーゴーと鳴る台風に怯えた夜が過ぎ、風の収まりを感じた頃ようやく船は動き始め、その頃は私も眠りにおちていった。

神戸にて

気を揉んだ台風によって到着は予定より二日遅れて、十八日十二時、ようやく日本、神戸港が近づいてきた。三カ月間の私の旅のゴールである。

ここではかなりの日本人が下船する。その中には、スイスから、神戸に住む人と結婚するためにやってきたレナーテ・ラキシイも下船準備におわれていた。私たちは日本で落ち着いたら必ず再会しようと約束を交わして合っていた。同室のキャビン仲間は、私以上に落ち着かない様子だ。長崎から来る私の彼の話は、仲間内に伝わって、その様子をデッキから見届けようとしているらしい。

ベトナム号

高い轟き音を響かせて碇が降ろされると、いち早く降りて行ったスイス人、私は自分のことよりも彼女の姿を目で追っていた。その姿が、船を降りたすぐ傍らの方で彼と再会の喜びの抱擁を交わしているのを見ると、なにかほっとした気分に浸り、さて私も一歩一歩行列を進みながら、遠くに立つ彼の方へ向かって合図を送った。

それを見定めたかのように、後ろのデッキの方から叫ぶ仲間たちの声。

「ヒトミさーん、また会いましょう！」

彼は予定の日に来て初めて到着の遅れを知って、もう一泊の宿をとり待っていてくれた。私の台風事情を聞きながら一緒に歩いて行った。私は身体じゅうに船の振動を感じながら、まだ船が航行を続け旅の続きの中にいるような錯覚を覚えた。

埠頭の椅子に彼もいっしょに掛け、私は脱力感を覚えながら遠く海に浮かぶ私たちのひと月の館、ベトナム号を見遣る。あの彼女たちとは、また直ぐ会えるものの、あの船と、乗っている仲間をここで見送りたい思いが引きずる。

私だけ青春の行路から定位置に錨を降ろして座らされた思いだ。大人社会へ足を進めて行かなければならないことがなぜか悔しさのようなものとなって入り混じり、私をそこから進ませようとしないのだろうか。傍らで彼は私の労をねぎらい、

「少しだけゆっくりできる所で食事でも……」と促しているのがわかる。

私も頷いて立ち上がり彼の後ろを歩いて行った。

久しぶりに彼は、何処か長崎の大病院に就職する、などと以前よりも具体的な将来の内容を語った。しかしなぜか今の私には、自分のことでもあるのに何を話されても乗っていけないものを感じていた。

「自分には経済的基盤もない身分で、言える資格は無いが、できれば二年後には長崎へ戻ってきてほしい」とも言った。自分にとって重要なことを言われている実感が湧かない。東京のことばかりが気掛りでならなかったのだ。

東京へ戻って、三カ月も休んだ私を職場のみんなは、どう受けとめてくれるかしら。

住まいはどうなっているだろうか。そんな東京の全てのことが次々に私をとらえ頭から離れず、隣に居る彼の話はうわの空でついていけない。東京に全ての地盤がある同行した他の仲間と違う自分、現実の自覚もなく浮かれてしまっていたのでは、と不安が襲う。

職場は今の私にとって結婚よりも重要であったとは……。―でもそうだ結婚といってもそれは、二年後というではないか、二年ものちの、互いの気持ちなんて儚くもろいものだ―、そんな思いで気を紛らした。

私はその場で彼の申し出とも受け取れることに拒否することは無かったから、彼は私が受け容れたのだと判断したかもしれない。

互いに時間の余裕もないふたり、再会はあっ気なく過ぎて別れの時になった。私たちは駅まで行って、その日の午後、西と東、九州と東京へ別れて列車の人となった。

夜、東京駅へ着くとまっすぐ兄の所へ向かった。

兄は明日から出勤して先ずやるべきことを注意してくれた。旅の様子を語りその余韻に浸る余裕もなく私は現実に引き戻された。

そうして日本へ着いた翌日、辞令の日付が終わった九月十九日きっかりに、いつものように勤務先へ向かった。

その日十九日、今ごろ仲間たちは、終着地・横浜港に到着している頃だろう。台風のために遅れてしまったが、港では大勢の人たちに出迎えを受けて抱き合っていることだろう。そんな皆の賑やかな様子が浮かぶ。

職場に着いた私は、どこか懐かしい二階の更衣室で白衣に着替え自分の部署へ行った。

「お世話になりました。今日からまた宜しくお願い致します」

「やあ、おかえりなさい。待っていましたよ、無事でよかったね……少し肥ったかなあ」。など一通りのあいさつを交わし、いつもの検査とカンファランスが始まる。何も変わらない。なにひとつ……。あれ程の体験をしてきたにもかかわらず周囲には何の変化も反応もない。むしろそれは私の心を軽くした。感動の日々の喜びを分かち合えるのは、同行した仲間たちだけなのかもしれない。挨拶回りが無事に済んで、私の渡航に対し特に以前の様な誹謗中傷なども向けられず確執もなさそうだったことに感謝したいほどだった。

特別に設けられた時間に、ヴュルツブルク大学での、研修やその他欧州の施設の見学について発表したが、特に反響もなかった。

かれら同僚の職員にとって、自分の地位を侵されない限り周辺で起きる事には無頓着なのかもしれない。私自身、派遣後の昇進など行く前から望まぬことでもあったから、異存はなかった。私の経験は今後長い間をかけて、送り出してくれた周囲に還元していかねばならないだろう。

私たち職員の頂点には、医療に関わる研修組織である日本臨床病理・臨床検査学会という学会組織がある。日本各地の研究成果発表学会が例年開催される。この部署でも何か結果を出して成果を発表しなければならない時期にきている。

まず私たちは日頃の業務内容の中から、正常値に焦点を当てて考えてみた。例えば様々な患者の検査を行う際、それらの結果は決められた一定の正常基準に対し被検者の症状の正常・異常の断定判断がされるのである。だが当時の正常値は全てが欧米のデータを基準に作られた数値の物を使用されていた。

その時、私は直ちに欧州で見て来て感じた意見を述べ提案をした。

休みなく労働するのを美徳とする日本と異なり、欧米の人々の体格は、食生活をはじめ生活の楽しみ方、ゆとりある日常生活からくるものだと思うが、格段の差がある。彼らの生活、例えば、宗教に根付いた安息日としての土曜・日曜日の過ごし方、レジャー、長いバカンス、そうした中で日本人より体力は強健に培われることは当然であろう。

現に私たちはオリンピックで日本人と比べて、あの桁はずれの立派な体格をした外国人を多く見てきた。あのような体格から割り出された正常値に照準して、日本人の検査結果を判断するには的確ではない、という結論を進言した。その結果、現在の日本人の現実に即した正常値を作成しようと、意見が一致した。

私たち三人のスタッフと、カメラマンでチームを組み、計画を立てた。例えば呼吸機能、基礎代謝機能、などの値を日本人によって割り出すことである。

体表面積は重要なファクターであるが、外国で当初どのようにして作成されたかを例にとっても、その努力と苦労に驚かされた。人体のあらゆる表面にセロテープを張り巡らせて、それを剝がして合算したというのである。

私たちは現実をみて、問題点を指摘し、それはなぜかを検討し、仮説を立てて目標に向かって作業した結果を実証すること。そのために現在に即したやり方で結果を出さねばならない。しかしそれには年齢別に百名・二百名という人数の日本人の標準的健康な男性・女性を検査することは欠かせない作業だ。それらの人数を各自のネットワークを駆使して、頼んで検査を行う。その結果を集約して正常値範囲を確立して評価してもらうのである。協力し合って、毎日の業務の合間や協力被検者の都合に合わせて、時間外検査も実施した。私も塾の生徒を被検者にと応援を頼んだが、チーム長の被検者探しの力には誰もが脱帽した程、大勢の人を連れてきた。

彼の実家は品川区の大井競馬場近くにある。生まれて高校までをそこで過ごした彼が競馬の話をよくしていたことは、そのせいなのだろう。競馬場と自動車レース場もあり、彼はそこに出入りする人たちに片っ端から声をかけ被検者として連れてきた。それまでの職場の雰囲気と異なった風貌の人たちも来たが、背に腹はかえられない。何としても健常者の人数は出来るだけ多く必要だから私たちは必死だった。

職場にて

そんな或る日、いつも検体を直接検査に持ってくる内科の若い医師が、私一人居る部屋で暫く話して行くのだが、

「こんな処は、辞めてはどうですか」と、突然私に切り出した。研究室にいた頃の先生が、「N君

が君と交際したいと言って訪ねて行ったろう?」と言ったことがある医師だった。この頃の環境が、一種異様な雰囲気であったことは事実だろう。しかしそれはなんの為か、私は不快感につつまれた。私の環境まで指示するなんて……、この人の未来は東大医学部という多くの権威意識にみちた、あの私を煩わせた或る種の先生たちと似たタイプではないか。以来その人を極力避けるようにした。

優しいチーム長は、検査を終えた後の、お腹を空かした元気な若い男子らに、私たちを学生生協までお菓子などを買いに走らせてご馳走して労った。そして、

「君は立派な体力で申し分ない結果が出たそうだよ」と、検査結果を報告して、かれらに医学貢献という満足感を感じて貰うことに努めた。

私の意見を発端に、こうした三名で結束しての長い間の作業、データ作り、診療部長を交えての結果判定と、久しぶりに味わう充実感だった。ここで出た研究成果を来年開催される臨床病理学会で発表して、日本の検査正常値に確立させよう。テキストも変更してもらうよう提案しなければならない。

上智大学のエル様の研究室では、旅行者一同が落ち着いた頃、紀行集出版に向けた原

稿執筆の割り当てや、報告会、反省会、写真の交換会を行うとの連絡があった。
目の前の業務に追われ忘れかけていた夢のような日々のことだった。

五、回帰

別れのプロトコル

西ドイツのボンから、私たちと同じマルセーユ発のベトナム号で来日して来たリヒテンハーゲン氏、彼を私たち三人が案内したのは秋も深まる銀座や、新宿御苑だった。ボンで知人から頼まれて、東京での彼を案内する約束をしていた人だ。彼は私を見るなり、「いつ結婚するのですか？」と、たどたどしい日本語で尋ねるので驚いてしまった。そのことを誰に聞いたのだろうか。あるいは神戸港で私がひと足さきに船を降りた時、ルームメイトたちが話したのか。もし彼女らが喋ったとしたら余計なことを…、とその時いささか迷惑に感じた。まだまだ先のこと、と公表する段階ではないと思っていたが、結婚する相手は決まりかけている。

職場にヴュルツブルク大学研修中のドクターから手紙がきていた。ドイツ滞在中に尋ねてきていた私の就職先について探してくれたようだ。私の身分では三百～四百マルク位の給料という。西ドイツで最も密に交流したロットヴァイルからも、中学生のウォルフガング君が代筆した英文の手紙が届いていた。飛びつくようにして開けると、「また来てください。次回はせめてひと月は滞在して……なお、部屋も特別に準備しているから」と書いてある。

二通の便りに、ああ、年末に故郷へ帰るのは止めて、上智大学の日光セミナーハウスの〝かつらぎ館〟で年末年始の休暇中、読書や勉強、信仰で、今後の道を模索してみようかと思いたくなるような便りだった。長崎のこともなにか重く遠く感じられる。できるなら、ずーっと長崎へ帰りたくない、そんな気がしてきた。

ニコンのカメラを貸してくれた彼は、未だ大学院で研究中の身だ。グループで逢っていた中のひとりだったが、いつの間にか二人だけで逢うようになっていた。借りていたカメラを返してお礼を伝えなければと待ち合わせの高田の馬場駅近くの店に行くと、早くから来ていたのかコーヒーは空になっている。

「ずいぶん久しぶり…、やっと逢えたね。帰ってからだいぶ経ってるのに……」。私の顔を見るなり、いつになく、どこか不きげんに矢継ぎ早に言葉を並べる。三度目の電話でやっと逢う約束がとれたが不満だったのだろう。

「社会人ですから。あなたにはわからないでしょうけど」と答えながら、それに—きちんと逢いたかったから……、と心の中で思ったが言葉に出なかった。陽焼けした腕や首に汗が滲んで黒く輝いている。いつになく眩しく感じられた。いつもなら「どこか行ったの？　実習？……」などと尋ねただろう、が今日はそんな雰囲気ではない様子だ。

彼にも香港で買ったジョニ黒を差し出しながら、おずおずと彼から勧められていたベストスポットを撮った写真を見せようとするが、彼は振り向こうともせずテーブルの端の方へ視線を向けたまま考え込んでいる。初めて見かけるそんな表情に、どう対応して良いかわからない。うつむく時の濃い睫毛、キラキラ輝かせて強い視線で語る時の瞳は、いつも何かを伝える力漲る意志、旅の間に幾度かそんな眼差しを思い出した。

そんな心思いで視線を注ぐが受け止めてくれない。なかなか、かみ合わない空気だ。

「どんな風に旅行してるのか、便りもないし……」。顔もあげず呟くように言う。

そうだった、思い浮かべながらも便りを出すことをしなかった。

「横浜さあ、出港の時の見送り人、多勢行ってましたね。凄かったなあ……」

「あら、見送りに来てくれてたんですか？　ありがとう。余りにも多くて」

「あ、気付かれてもいなかったか！　よそばかり見ていたようだから。迎えにまで行ったの知らないでしょう！」。そう投げやりな口調で言う。

「えッ？　迎えに？　船が遅れたのに……、ごめんなさい、私はあのオー」。一体どうしたことだろう。何があったのだろうか。私の言葉も耳にはいらぬように、沈黙の後、

「水島さんはもう決めてしまったんでしょう？」。うつむいたまま突如ぽつりと言い出した。私は一瞬その急展開した言葉の意味を一連の状況から悟った。悟っていながら咄嗟に、

「何を、ですか？」と言う私に、かれはストレートに言った。

「相手を……。このところそう思えて、いま逢った途端にそう見えたから……」

なぜ今？　と一瞬思ったが、

「いいえー」と、また即座に私はそういう答え方をしてしまったのだ。だがこれは、特に今の私には、嘘ではない。私は、長崎の彼と結婚すると決めてしまったわけでもない

のだから。私は今、この瞬間未だ揺れている。だが既に彼は、私の相手は目の前に居る自分ではないと決めつけているようだ。そしてもじもじしながら私がテーブルに広げた多くの写真の中から一枚を抜き出した。

私はパリのホテル辺りで撮った写真を見せて、一緒に観たことがある映画に似たシーンなどに話題が弾むのを期待していたのに、彼が手に取ったのはハイデルベルク城を遠く背景に橋の上にコートを着て立つ私の写真だった。旅立つ前にカメラの使い方を彼に習いながら練習したポーズだ。

「これ僕が勧めたハイデルベルクね、いいですね。とても君らしく撮れているよ……」

「誰が撮ったのかなあ？　巧いけど……」と言いながらその全身を耳にして私の答え方を聞き逃すまいと待っている。きっとあちら側に異性を感じたのだろうか。そして凝視するように鋭く強い瞳で私の表情を覗く。

「あ、あちらに留学している人が……。私と友だちを案内してくれたんです」。いつものように咄嗟に彼の前では正直な言葉が出てしまう。

「へえー、そんな男が居たんだ。知らなかった！」。なぜか男性、と断定した言い方だ。でも誤解している、がここでどう説明すれば解ってもらえるのだろう。

「ドイツ語がよくできる従弟が居るから研修や観光する時通訳してもらったらと、あのあなたも知ってるあの松木さんが、紹介してくれてたんです。ここへは私一人行ったわけではないの」

「ふーん。行く前そんなこと聴いてなかった。君ひとり写っている……」。写真の中の独りで写る写真にまだ拘って明らかに懐疑心丸出しの口ぶりである。

「まあ、そんなこともあるか。君だったら……」。彼は捨て台詞のように言うと、荒々しくその写真をテーブルに戻した。

―君だったらって、それは一体どういう意味？　そしてせっかく渡す物をそんなにぞんざいに扱われることに驚いた。―私はあなたに、そんなに全てを報告しなければならない義務はないわ―。腹立ちさえ覚えたが、矛盾する心の内は言葉にならなかった。今日は自分の揺れ動く思いをさらけ出して、彼の心を問うてみようと決心して来たのに、目の前の互いの態度が、取り返しつかぬほどに妨げてしまった。暫く沈黙していた彼はぽつりと言った。

「僕ら院を出ても鉄鋼関連の企業だと、地方行きです。田中も遂に室蘭の冶金に決めたんだって。彼は生まれも育ちも東京なんだけどね。研究や指導へ進むには博士課程を終わってからでないと……。選択の自由なんて全く無くて君の好きなヨーロッパ勤務になるのは文系からだけ……」

彼の言う鉄鋼関連会社の製作部門は東北地方が多い。後継者の彼がどうしたというのだろう、その時の私にはまったく通じないまま黙って向かい合って過ごした。就職活動の時期の意味さえ知らない私だった。

そんな雰囲気が息詰まりそう。これまでの自由な屈託なく話し、笑い合った時と違った関係を私たちは強く意識してしまい、それが胸に苦しくのしかかる。

「大切なカメラを長いことお借りしてすみませんでした……」。いつになく他人行儀な言葉遣いで渡すカメラを彼は我に返ったように私から受け取ると、ジョニ黒を腕に挟み、私を鋭く見つめて黙って立ちあがった。

そしてレジで二人分を払う彼を追いかける私に向かって、店を出た所で急に手を差し出した。挨拶かとそれに応じて差し伸べると、彼の表情が急に歪がんで私の手も握らず顔を背け足早に立ち去ってしまった。

まさかそれが最後だと思う余裕さえなく、伝わらぬ心情に包まれたままに、二度と互いに誤解を修復する努力も機会もない別れとなった。

秋も過ぎて、上智大学の一室では旅行で撮った八ミリビデオ映写会と写真交換会が行われた。バチカンで法王に謁見した時の写真もそれぞれの分届いて、みんな顔を上気させて宝のような教皇様との写真を手にとって見入る。紀行文集の編集担当係に自分の割り当てられた部分の原稿を渡して、写真を交換して見比べ盛り上がる思い出、もう一度行きたい気持ちが湧き上がる。

「わたくし、来年三月バンベルクへ行くことになりました。二年ばかりの予定です…」キャビンの同室だった黒沢さんの声を、どこか遠くから響く鐘の音のように聞いていた。

海外研修から帰国、元の職場に復帰していた私は、欧州の研修を活かした自分の提案で、日本における正常値の確立をスタッフと共に完成させ学会で発表する。しかし、それで私は満足だろうか。

月日は夢を飲みこんで矢のように素早く、私を大きく変える何事も起きることなく流れ行きそう。このまま、今のこの環境に何もできず流されるままで居たくない、このままでは何も変わった自分を実感することもなく、元の澱みに居るような気分だ。

結婚が現実になろうとしている頃になっても、心の虚ろさをどうすることもできず、定まらぬ心をひきずり再びここから脱皮したいと焦っていた。しかし、そのためには幾重もの抵抗の壁を打破しなければ実現しない。もはや誰も再び、そんな私の行為を許す筈がない。少しずつ諦めと譲歩の感覚を受け容れる自分になっていた。そう悟っていながら現実を見つめてそこへ踏み出すには時間がかかった。どうしようもない、心にできた隙間を抱き、ただただ国内の一人旅ばかりしていた。

土曜日の午後、仕事が終わるとそこからまっすぐに上野や新宿を発つ。

なぜか西には向かわず、夜行列車で北へ北へと行ける所まで向かう。できるだけ今の現実から逃れるように遠く、遠くへ、そしてその果てに〝約束の地〟でもあるかのように、そこで誰かが私を引き止めてくれるような気がして。北に行きさえすれば運命にも似た今と別の道へ行けるかのように。

早朝着いた駅のレストランで顔を洗い、地図を片手に、その土地をあてもなく浮遊する。宿やホテルは若い一人旅では避けて泊まらない。放浪の旅を終えて夕方その地をあとに列車に乗り帰京するという旅だった。

東北の、私を叱咤するような猛々しい荒波、海近く群れをなし何かを吐き出して叫んでいるかに見える工場の煙突、遠野の果てしない広野に幾筋か続く家路への路、匿《かくま》われて消えてしまいたい衝動に駆られる深い山陰の森、鳥取砂丘では砂浜を唄った詩人の詩を頼りない吾が身に重ね合わせて口ずさんだ。彷徨ううちに人恋しくなっていく自分。

山のむすめ　ロザリア
いつもひとり歌うよ　遠い牧場日ぐれて　星が出る頃
帰れ帰れ　も一度　優しかったあの頃
涙流し別れた　君の姿よ
（ロシア民謡）

今、いっ時の全てを忘れさせてくれる瞬間を求めて、やがて削がれていく自由を意識しながら。遂に迎えた昭和四十一年九月結納の日、故郷・私の実家でのその日、私は休みを取れず、あまり重要視もせず、帰省しなかった。婚約者もいない常識では考えられないような結納式となった。

しかしもはや、どんなに足掻いても、どうすることもできない運命を感じる。

東大は第一内科の教授が次期院長になった。無給医局員問題で構内は医局長まで参加して連日デモが続き構内のバス停留所には、何カ月も前から『白い巨塔』停留所という塔が立てられて騒然としていた。翌年から始まる東大紛争の兆しだった。

そんな内科の研究室を訪ねると講座をもつ先生が、学生は運動ばかりやって誰も来ないし授業にならない、と遊びにやって来ていた。そして口々に「おめでただろう」と声が飛ぶ。

控室では頷く私に矢継ぎ早に注ぐことば……。

「海外出張なさったこと、いつかは役に立ちますわよ、きっと」。そんな筈はあり得ない、と言いた気な口ぶりで言うように私には聞こえる。

「どうして帰ってしまうの？　やっぱり田舎はいいんでしょうね」

「大変ねえ、お相手の方、お医者なのにお父上亡くなられたとか。長男ですってね？　いなかは特に保守的でしょう」「お義母様になる方、四十七歳ですって、本当なの？」

「でもあなたなら嫁としてつとまりますわよ……」

どこで聞いたの、私の姑になる人の歳までも！　どこへ行っても私の結婚は海外研修までしたのに勿体ない、九州まで〝都落ち〟してしまうのかと言う声。元の上司までも。

長崎が、最果ての地でもあるかのようなみんなの言い様だった。ノイローゼになりそうだ。親しかった人たちが急によそよそしく見えた。もう早くここを去りたい憤りさえ感じてきた。

「いいさ、どんなにでも言いなさい。私は幸せになって見せるわ！」

更に輪をかけたように、私に向かって、「幸せにならなければウソだよなあ！」と、どこかで誰かが叫んでいるような気さえする。

長崎へ

昭和四十二年（一九六七）五月、あれほどに憧れ夢を求めて故郷を脱出し、青春の全てを注いできた東京を跡にしようとしている。

帰郷する私を苛立たせる人たちに、長崎へ戻って幸せになって見せると力んだ私だったが、行き先には圧倒的な現実という思いがけないものが次々に待っていた。

私は、五月の連休を利用して帰郷する。連休明けから早速長崎大学へ勤務して、これまでと同じ仕事をする。実家の母は、未だ勤務するとは、と驚きの声を発した。

東大中央診療部に出入りしていた医療器械社員が、私の今後の行く方を知った。そして、これまでやっていた特殊な機械操作での検査が出来る私が行くのならばと、あの米国製の高価な器械を長崎大学が購入して待っているという。そのように器械屋が勧誘して販売したにちがいない。

「日本に三台しかない優れた器械、それを使って検査が出せるのは貴方しか居ないから、勤務してください」「行く先の医局でも待たれている」、と器械屋の言だった。


東京を去る私を見送るために、山陽新幹線博多方面行きのホームには東大病院中央診療部の仲間たちが、贈り物のバーソロミューの世界地図を重そうに抱えてやってきた。正常値作成にチームを組んで熱中した肥ったチーム長は、出発間際に額の汗を拭き拭き喘ぎながら、階段をよたよた昇って声を張り上げている。

「水島くーん、僕らのこと忘れないでね。長崎へ皆で行く時はよろしくね」

「からだに気を付けて……、学会で逢いましょう」。そんなみんなの声に私は深く頷きながら、学会で、あのデータ発表を彼らに託して東京を去るのだ。

「しっかり発表して下さい。私の分もね。私もなるべく長崎から出かけるようにします

送別会、著者、兄と弟たちと、東京都六義園にて、昭和41年

からね」。動き出そうとする列車の入口に立ちすくんだまま胸が詰まってそんなことしか言えないでいる。なんと暖かい心、こんなにも愛すべき仲間と、このあと笑い励まし合うこともなくなるのだ。これまで東京で築いてきた自分のキャリア、ネットワーク諸《もろ》とも、ほんとうに、お前はここで終わらせるのかと。

そのとき私は死ぬわけでもないのに突如、浮かんできたのは、岡倉天心のあの詩。

私が死んだら鐘を鳴らすな　のぼりを掲げるな
人気ない岸辺の松の落葉の下に　私を静かに埋めよ
かの人の詩を私の胸にのせて

そして浜千鳥に　挽歌を唄わせよ

私はもう死ぬのだ。私はわたしでなくなる。私の「かの人」とは一体……。夢中で駆け続けてきた東京か。それとも、もう二度と遭えない青春、愛する人々……。絶対にそれらには二度と会えない確信めいたこの思い、これ程の去り難い別れがあるだろうか。東京は、心を残しふるさとを選んで行くそんな私の懊悩や情念もろとも包み込み、どうしてこうも無情にあっ気なく後ろへ消え去ってしまうのか。見えなくなって途端に涙がほとばしり出た。ぬぐっても拭っても止めどなく流れる。

徐々に知る長崎の彼の、背負わされている荷物の重さに私は今まで全く無知でいた。

こんなに長く付き合っていながら、遠くに居て、彼の事をほとんど知らなかった。私たちは『狭き門』のアリサのように、遠くに居たが故に互いを美化してしまっていたのだろうか。なぜ？　という苛立ちを感じた時もあったけれど、いつも曖昧に過ごしてきた。答えを話すそんな機会はあったかもしれなくても、今まで私にだけは言えなくて苦しんだであろう彼を今、思い遣った。

いつも、自分のことしか頭に無い私だったかもしれない。

船の中で言われたルームメイト・幸のセリフが、今こそ身に滲みて迫り来る。

「利用するだけじゃあ駄目、貴女はご自分だけが大切なんじゃない？　誠実な人を蹴るなんて許さないから」

荷物を担いで行こうとする彼に、同情を越えた感動をさえ覚え、手伝わなければ、共に背負って荷を軽くしてあげなければ、それが、私が帰る意味なのかもしれない、とそう思った。

向かい風に立つ私の頭に繰り返し浮かんでくるのは聖書の詞だ。

「神はその人が耐えることのできない試練を与えない」（「コリント人への第一の手紙第十章十三」）

あとがき

家を飛び出し上京して自分自身のために模索しながら、もっともエネルギーを注いだ一九六〇年代の青春。あの数年間を書き留めておかないと何か忘れ物をした気がする。遠い日の残っていた日記を頼りに、脚色を交えながら自伝的小説を書きはじめて三年を要してしまった。当時出会った人々、住んだ場所を訪ね、あの頃をもう一度辿りながらの執筆だったが、今もあの、悩み苦しみ歓喜した延長線上に居るように感じる。

当初より出版を念頭においていたものの、それに耐え得るものになるか自信がなく、大阪文学学校へ入学して、そこで多くの人の批評を受けながら学んでいった。

そんなとき、東京で父親代わりを果たしてくれた兄が、孤独死するという出来事に逢って書く気力を失ってしまった。それでも文学学校の日野範之チューターや友人に励まされ、ようやく今日を迎えることができました。深く感謝いたします。

書き終えてはじめて、私の生き方を方向づけてくださったエルリンハーゲン師はじめ、自分が如何に多くの人に支えられ、導かれてきていたかが分かり、その全てに感謝すると共に、この書を、原爆で青春時代さえ迎えることもなく逝った兄、そして、何も報われることも叶わぬまま去ってしまったもうひとりの兄に捧げたい。


刊行にあたり、常に寛大な心でご指導くださった、涸沢純平氏には大変お世話様になりました。心よりお礼申し上げます。

装幀には、長崎在住の山下良夫氏のテンペラ画をお願いできました。

そして、個人的なことを出版することを許してくれた家族に感謝したい。

二〇一六年八月

水島　瞳

水島　瞳（本名　飛永まさみ）1938年　長崎県生
共立女子大学短期大学部卒業　放送大学大学院総合文化研究科・文化情報科学群修士課程修了
日本文化人類学会会員 九州人類学研究会所属 西九州文学会員
1980年から第５期～６期　井上光晴文学伝習所に在籍　同人誌『群れ』同人
1984年　第24回長崎県文芸大会小説部門受賞
1993年から国際交換交流団体に所属
1997年から国際的奉仕団体に所属
2013年から大阪文学学校通教部在籍

現住所　852-8144 長崎市女の都３丁目1-10 飛永方

ロザリオの空《そら》
―駆《か》けぬけた青春《せいしゅん》の記《き》
二〇一六年八月九日発行
著　者　水島　瞳
発行者　涸沢純平
発行所　株式会社編集工房ノア
〒五三一―〇〇七一
大阪市北区中津三―一七―五
電話〇六（六三七三）三六四一
ＦＡＸ〇六（六三七三）三六四二
振替〇〇九四〇―七―三〇六四五七
組版　株式会社四国写研
印刷製本　亜細亜印刷株式会社

ISBN978-4-89271-260-9

表示は本体価格

黄昏のスワンの不安　葉山　郁生

七〇年代の青春を経て中年に達した人々の素顔。仕事や病い、恋愛や家庭、旅、追憶、幻想、を通して生命の軌跡を捉える（黒井千次氏）。　二八〇〇円

善意通訳　田中ひな子

シューベルト「軍隊行進曲」で少女は兵隊さんを戦場に送る。進駐軍家族のパーティーでピアノを弾き後には善意通訳も。戦後変奏曲。　二〇〇〇円

佐江野　浜田　紀子

九頭龍川河口の古くは港として栄えた漁村の時の流れ、地で生きる人々の暮らしのさま、風景を地の心で描く詩情豊かな連作小説。　一六〇〇円

源郷のアジア　佐伯　敏光

インド・中国雲南・マレーシア3紀行　私たちはどこで生まれ、どこを歩いて来たか。中国山地の生地から遠いはるかな血と精神を索める旅。　一九〇〇円

インディゴの空　島田勢津子

インディゴブルーに秘められた創作の苦悩と祈り。「おとうと」の死の哀切。障害者作業所パティシエへの私の想い。心の情景を重ねる七編。　二〇〇〇円

イージス艦がやって来る　森口　透

青島《チンタオ》の生家訪問、苦学生時代、会社員時代の海外出張、総領事館員時代の執務。時代を経て来た「日常的出来事」の中に、潜み流れるもの。　一九〇〇円

八十二歳のガールフレンド　山田稔

思い出すとは、呼びもどすこと。すぎ去った人々が、想像のたそがれのなかに、ひっそりと生きはじめる。渚の波のように心をひたす散文集。　一九〇〇円

象の消えた動物園　鶴見俊輔

私の目標は、平和をめざして、もうろくするということです。もっとひろく、しなやかに、多元に開く。2005〜2011最新時代批評集成。二五〇〇円

始めからそこにいる人々　小島輝正

べ平連、平和運動の原点から、同人雑誌、アラゴン、サルトルまで、個の視点、無名性の誠心で貫かれた昏迷の時代への形見。未刊行エッセイ。一八〇〇円

幸せな群島　竹内和夫

同人雑誌五十年　青春のガリ版雑誌からVIKING同人、長年の新聞同人誌評担当など五十年の同人雑誌人生の時代と仲間史。　二三〇〇円

異人さんの讃美歌　庄野至

明治の英語青年だった父の夢。兄、潤三に別れを告げに飛んできた小鳥たち。彫刻家のおじさん。夜汽車の女子高生。いとしき人々の歌声。　二〇〇〇円

故地想う心涯なし　中川芳子

私や子供の漂泊はとめどがなかった。京城で育ち天津で結婚、北朝鮮に疎開。敗戦で38度線を母子で越える。時代の変転、断層を生きる連作。二〇〇〇円